ÉTUDES PRATIQUES

TIRÉES DE

L'ARCHITECTURE

DU MOYEN AGE

EN EUROPE

SÉRIE DE MONOGRAPHIES

DONT LES PLAN, COUPE, ÉLÉVATIONS ET DÉTAILS DE CHAQUE MONUMENT SONT DESSINÉS

A UNE MÊME ÉCHELLE

PAR

M. THOMAS H. KING

ARCHITECTE A BRUGES

Les chefs-d'œuvre du moyen âge n'existent plus uniquement pour les artistes et les archéologues. Une certaine connaissance *pratique* de leurs beautés est devenue indispensable à tout homme bien élevé. Cependant il n'est pas donné à tous d'avoir le loisir nécessaire pour se familiariser avec ces monuments sur la place même où ils s'élèvent.

Pour faciliter les études et donner un plus grand développement à la renaissance de l'ancien style religieux, il est besoin d'un ouvrage spécial, *exclusivement destiné* à l'art du moyen âge. Ce livre doit réunir en soi-même les conditions d'un traité complet à l'usage des artistes, et en même temps d'un recueil propre à intéresser les gens du monde. Il doit offrir un compte rendu succinct des meilleurs spécimens qu'a produits l'heureuse influence des vrais principes de l'art; il doit faire ressortir les caractères distinctifs des différents styles cultivés successivement en Europe à cette époque, et enfin résumer et déployer, dans une forme à la portée de tous, les monographies et renseignements jusqu'ici dispersés dans des volumes d'une dimension et d'un prix exorbitants.

C'est à l'absence d'un pareil ouvrage qu'on doit imputer le peu de progrès et les fautes commises dans la pratique d'un art aussi généralement admis en théorie.

Mais, d'autre part, le délai qu'on a mis à combler cette lacune présente au moins un avantage; car, il y a très-peu d'années encore, il eût été impossible de publier un ouvrage aussi complet que le sera celui-ci. Pendant le dernier quart de siècle, les chemins de fer et la navigation à vapeur ont offert aux voyageurs des facilités extraordinaires; l'auteur de ce recueil a su largement en tirer parti dans les voyages qu'il a faits et fait faire pendant les dix années qu'il s'est occupé à récolter ses matériaux. Les éditeurs ont donc la conviction qu'il n'a paru encore un ouvrage fournissant, pour le style du moyen âge, un choix aussi nombreux et aussi varié de modèles et de détails de toute espèce. Notre livre, en un mot, réunit tous les éléments nécessaires aux études pratiques et complètes dans cette partie; il pourra à lui seul tenir place d'une bibliothèque de traités et recueils architecturaux. On n'y trouvera pas seulement les édifices, mais toutes les œuvres d'art dignes de fixer l'attention, tels que, autels, tabernacles, jubés, fonts baptismaux, tombeaux, vitraux, bronzes et décors polychromes, stalles, calices, reliquaires, etc.

L'exactitude apportée à mesurer et dessiner les monuments et œuvres d'art, le soin qu'on a mis à conserver l'expression qui en est le cachet distinctif, l'attention qu'on a eue de donner le plus de choses possible dans un espace relativement restreint, suffisaient déjà pour rendre cet ouvrage unique en son genre et pour lui assurer d'avance un bon accueil de la part de tous ceux qui s'intéressent au moyen âge. Mais l'ouvrage de M. King a encore un autre mérite que nous devons faire ressortir, et par lequel il satisfera aux besoins actuels du public, plus encore que par le goût épuré dont il a fait preuve dans les exemples qu'il fournit; ce mérite, c'est d'avoir su combiner, mieux qu'on n'a jamais fait avant, la théorie et la pratique. *Les coupes et élévations, les plans, les détails des monuments reproduits sont dessinés d'un bout à l'autre à* UNE MÊME ÉCHELLE. On offre ainsi un avantage et une immense facilité d'étude et de comparaison que l'on reconnaîtra à l'instant même, et que jamais publication de ce genre n'a essayé jusqu'ici d'atteindre.

Une autre nouveauté, c'est que cette publication comprendra *une série de monographies concises*, paraissant à de courts intervalles, chaque livraison étant complète en elle-même, et se bornant aux objets d'une ville ou d'une localité déterminée. Les monographies les plus importantes sont consacrées aux monuments et œuvres des XIIe et XIIIe siècles, mais on y trouvera quelques édifices soit de l'époque précédente, soit du dernier style ogival, donnés très-succinctement.

L'importance et l'étendue du projet embrassé, la vaste quantité de matériaux qui seront réunis dans cette seule publication, seront mieux démontrées par l'examen de la table des matières jointe au présent prospectus.

L'ouvrage se composera de huit volumes, petit in-folio, dont chacun renfermera cent planches gravées sur cuivre et un texte historique et descriptif. Pour mettre ces matériaux précieux le plus promptement possible à la portée du monde artistique, les livraisons se succéderont à si peu d'intervalles qu'en quatre ans l'ouvrage sera complet. Cette rapidité est sans exemple dans ce genre de publication, car elle représente bien moins de temps qu'il n'en faudrait à quelqu'un pour *visiter* et soigneusement *examiner* (pour ne pas dire mesurer et dessiner à l'échelle) les nombreux édifices et œuvres d'art qu'on y trouvera compris.

A tous ces avantages, notre publication joindra celui d'un bon marché inouï, si l'on tient compte des difficultés de l'entreprise.

Les monographies ou livraisons prises séparément, texte y compris, se paieront à raison de 75 centimes par planche.

La souscription à deux volumes, qui paraîtront intégralement dans l'intervalle d'une année, sera de 105 francs.

MONOGRAPHIES COMPRISES DANS L'OUVRAGE

Agen............		Conques............		Malines............		Saint-Père-lez-Vezelay..	
Aix-la-Chapelle........		Coutances............		Magdeburg............		Salisbury............	
Alby............	6	Coventry............		Mans (*le*)............	6	Salzburg............	
Altenberg............	6	Cracovie............		Mantes............		*Seez*............	13
Amiens............		Dijon............	5	Marburg............	15	*Semur*............	8
Andernach............		Ely............		Mayence............		Sienne............	
Angoulême............		Erfurt............		Metz............		Sinzig............	
Anvers............		Étampes............	4	Narbonne............		Soissons............	
Auxerre............		*Flavigny*............	1	Naumburg............		Southwark............	
Avallon............		Florence............		Nivelles............		Spire............	
Bamberg............		Freyburg............		Nordhausen............		Strasbourg............	
Bayeux............		*Gand*............	7	Norwich............		Tirlemont............	
Beauvais............		Gelnhausen............		Noyon............		Tintern............	
Beverley............		*Halberstadt*............	3	Nuremberg............		Toul............	
Blois............		Herford............		Oberwesel............	9	*Toulouse*............	13
Bonn............		Heilbronn............		Oppenheim............		Tournai............	
Bourges............		Hildesheim............		Paris............		Tours............	
Bologne............		Howden............		Pise............		Trèves............	
Braisne............	6	Laach............		Pistoia............		Ulm............	
Bruges............	9	Laon............		Périgueux............		Venise............	
Bruxelles............		Liège............		Prague............		Verdun............	
Caen............		Limburg............		Ratisbonne............		Vérone............	
Calcar............		Limoges............		Reims............		*Vézelay*............	
Canterbury............		Lincoln............		Rouen............		Vienne............	
Châlons-sur-Marne...	6	Louvain............		Saintes............		*Vilvorde*............	1
Chartres............		Lubeck............	50	*Saint-Bertrand*......	1	Wells............	
Clermont............		Lucerne............		Saint-Denis............		Westminster............	
Coblentz............		*Luneburg*............	6	Saint-Germer............		Wittenberg............	
Cologne............		Maestricht............		*Saint-Leu*............		Worms............	

Les deux premiers volumes comprendront les Villes imprimées en italique. — Les Villes suivies de chiffres sont déjà prêtes; ces chiffres indiquent le nombre de planches qui composeront la livraison.

PARIS. — IMPRIMERIE DE J. CLAYE, RUE SAINT-BENOIT, 7.

ÉTUDES PRATIQUES

tirées

DE L'ARCHITECTURE

DU MOYEN AGE

PARIS. — IMPRIMERIE DE J. CLAYE
RUE SAINT-BENOIT, 7

ÉTUDES PRATIQUES

TIRÉES DE

L'ARCHITECTURE

DU MOYEN AGE EN EUROPE

PAR

M. THOMAS H. KING

ARCHITECTE A BRUGES

AVEC UN TEXTE HISTORIQUE ET DESCRIPTIF

PAR

GEORGE J. HILL M. A.

TOME PREMIER

CONTENANT

LES ÉGLISES DE BRAINE, ÉTAMPES, FLAVIGNY, ALBY, SAINT-BERTRAND DE COMMINGES
ALTENBERG, AUXERRE, MAULBRONN, SEMUR
DIJON, SÉEZ, SPIRE, GELNHAUSEN, LUNEBOURG ET TOULOUSE

100 Planches gravées à l'eau-forte sur cuivre

PRIX : **75** FRANCS

BRUGES

CHEZ L'AUTEUR, 30 RUE FONTAINE-DES-FRÈRES

LONDRES	PARIS
BELL ET DALDY	VICTOR DIDRON
186 FLEET STREET	23 RUE SAINT-DOMINIQUE

Et chez tous les Libraires de France et de l'Étranger

1857

Toutes les formalités ayant été remplies, l'auteur poursuivra toute contrefaçon de ses planches.

MONOGRAPHIE

DE L'ABBAYE ROYALE

DE SAINT-IVES A BRAISNE

EN SOISSONNAIS

PAR M. THOMAS H. KING

ARCHITECTE A BRUGES

Avec Texte descriptif par GEORGE J. HILL. M. A.

6 PLANCHES GRAVÉES A L'EAU-FORTE SUR CUIVRE — (4 FR. 50)

EXTRAITES DE L'OUVRAGE INTITULÉ :

ÉTUDES PRATIQUES

TIRÉES

DE L'ARCHITECTURE DU MOYEN AGE

EN EUROPE

BRUGES

CHEZ L'AUTEUR, 30 RUE FONTAINE-DES-FRÈRES

LONDRES	PARIS
BELL & DALDY, LIBRAIRES	VICTOR DIDRON, LIBRAIRE
186 Fleet street	Rue St.-Dominique-St.-Germain, 23

Et chez tous les Libraires de France et de l'Étranger

1857

ÉTUDES PRATIQUES

TIRÉES DE

L'ARCHITECTURE DU MOYEN AGE

EN EUROPE

SÉRIES DE MONOGRAPHIES

DONT LES PLAN, COUPE, ÉLÉVATIONS ET DÉTAILS DE CHAQUE MONUMENT SONT DESSINÉS

A UNE MÊME ÉCHELLE

PAR

M. THOMAS H. KING

ARCHITECTE A BRUGES

Cet ouvrage offre, à ceux qui veulent étudier l'architecture gothique, des avantages qu'on chercherait vainement dans les autres publications du même genre, et qui consistent :

1° Dans l'abondance des matériaux qu'il fournit pour l'étude de l'art architectural du moyen âge : les deux premiers volumes seuls contiennent les dessins de cinquante églises, c'est-à-dire plus qu'aucun ouvrage n'en a jusqu'ici réunis dans son ensemble. Notre travail complet formera huit volumes dont chacun renfermera 100 planches, c'est-à-dire, en moyenne, l'illustration de vingt-cinq églises;

2° Dans la scrupuleuse exactitude et le soin minutieux qui ont présidé à l'exécution des dessins : ils peuvent, sous ce rapport, soutenir la comparaison avec tous ceux qui ont paru jusqu'ici. Dans aucun cas je n'ai accepté les mesures et les données d'autrui; tous les détails, plans, coupes, élévations, ont été mesurés expressément pour cet ouvrage, ou par moi-même, ou par des personnes investies de ma confiance et travaillant sous ma direction. Ce sont là de vraies garanties d'exactitude et d'authenticité;

3° Dans l'ordre que j'ai adopté : l'uniformité des échelles permettra à l'amateur de saisir d'un seul coup d'œil les dimensions relatives des diverses églises. Jusqu'à présent voici quelle était la marche suivie : on dessinait une grande église sur une petite échelle, et une petite église sur une grande échelle, de sorte que chaque figure, plan ou élévation occupait à elle seule une planche entière. Il en résultait que la comparaison de deux monuments exigeait un effort de l'esprit, tandis que, d'après mon système, ce n'est plus qu'une affaire de simple observation. Dans la présente publication, les plans des monuments ont pour échelle uniforme 1-500; les coupes et élévations 1-300; et les moulures, 1-25. De sorte que la comparaison est facile entre plans et plans, élévations et élévations, moulures et moulures;

4° Dans la modicité du prix : à l'exception de l'exactitude, j'ai tout sacrifié pour atteindre à ce résultat. Comme mon livre est, avant tout, un ouvrage d'utilité pratique, j'ai moins visé, dans mes gravures, à la finesse de l'exécution qu'à l'instruction du lecteur, combinée avec son intérêt pécuniaire. Il est, en effet, incontestable que, pour l'étude aussi bien que pour la pratique, un simple contour au trait est préférable au dessin le plus artistement ombré. D'ailleurs, le temps qu'eût exigé un travail d'une grande délicatesse n'aurait pu être abrégé que par le concours d'un grand nombre d'artistes qui, n'étant pas imbus de mes principes et de mes idées, n'auraient peut-être qu'imparfaitement compris et rendu mes intentions. La surveillance seule d'un travail exécuté dans de pareilles conditions aurait nécessairement amené des retards dans la publication. Voilà pourquoi j'ai préféré des eaux-fortes que j'ai pu faire exécuter sous mes yeux.

J'ai fait plus encore pour diminuer autant que possible le prix de l'ouvrage : j'ai restreint le nombre des planches pour chaque monument en utilisant tout le blanc du papier. De cette façon, avec moins de frais pour lui, l'acheteur trouvera dans une seule autant de matériaux qu'il en aurait trouvé dans plusieurs planches d'un ouvrage où tout aurait été sacrifié à l'apparence.

C'est pour le même motif que j'ai évité la répétition du même trait, quand un seul suffisait, pour les élévations et coupes. La loi que je me suis imposée, en un mot, c'est de rencontrer l'utilité pratique en négligeant ce qui n'est qu'embellissement.

L'ABBAYE ROYALE

DE

SAINT-IVES A BRAISNE

DIOCÈSE DE SOISSONS (FRANCE)

Le but que se propose l'auteur de cet ouvrage, c'est de recueillir, dans toutes les Le but de l'ouvrage. parties de l'Europe, les modèles les plus frappants, les plus caractéristiques que l'architecture du moyen âge ait laissés, dans chaque pays, pour les présenter à l'amateur, sous une forme commode, qui lui permette les comparaisons et les rapprochements.

Dans l'état où en est aujourd'hui la connaissance des arts du moyen âge, un tel ouvrage devient de plus en plus nécessaire. L'architecture du moyen âge a subi, dans tous les pays, la direction des mêmes lois et a été le développement du même principe créateur; mais les mœurs, les besoins, le naturel des peuples, chez lesquels elle s'est établie, lui ont imprimé, dans chaque pays, un cachet particulier qui rendrait impossible l'étude de ses diverses phases et la réalisation de son esprit générateur, sans un examen très-étendu des diverses formes qu'elle a revêtues.

La nation française était, au XIIᵉ et au XIIIᵉ siècle, la plus grande et la plus civilisée du monde, et il n'est pas douteux que c'est chez elle et à cette époque que l'architecture ogivale a pris son origine. C'est là qu'elle s'est approprié les plus belles formes, et qu'elle a le mieux réalisé ses idées; voilà pourquoi bien des personnes prétendent que, si c'est dans ce pays qu'elle a eu son berceau, et qu'elle a réalisé la plus parfaite pureté, c'est aussi là, et là uniquement, qu'il faut aller chercher des inspirations.

Mais puisque partout, chez tous les peuples, elle a subi certaines influences, puisque là même où elle a pris naissance, il a suffi des moindres circonstances et d'une distance de quelques lieues, pour la modifier profondément, il nous est permis de croire qu'au lieu même de son origine, elle a reçu un cachet particulier, qui tient uniquement aux besoins locaux. En définitive, l'architecture gothique, c'est là notre conviction, est l'architecture par excellence, parce qu'elle s'adapte à tous les climats, à tous les peuples, à tous les besoins, avec une élasticité et une convenance qu'on chercherait vainement dans les autres.

A mesure donc que se répandent et l'appréciation et l'adoption de ce style, c'est un devoir impérieux pour nous de l'étudier sous tous ses aspects. Nous manquerions à

(6 Planches.) (1 à 6)

cette mission, si nous restreignions cette étude à une seule localité, à une seule époque, quelque supériorité que nous puissions leur trouver. Nous devons puiser nos inspirations dans tout ce qui porte le cachet, l'esprit du vrai style ogival. Nous devons récolter les matériaux de nos études partout où cette architecture a été fidèle aux vrais principes de construction, à la méthode d'apprécier les besoins, aux lois rigoureuses des proportions. C'est dans le but de fournir ces facilités à l'amateur qui ne peut se déplacer, que j'ai tenté de combler une lacune dans les ouvrages d'architecture publiés jusqu'ici, et de lui offrir, à un prix très-modique, quelques volumes, où l'homme pratique peut parcourir, aussi bien que dans un voyage, et au milieu même des monuments, les diverses phases des œuvres d'art qu'ont exécutées nos ancêtres.

Ce que je désire avant tout, c'est l'application pratique pour notre époque : c'est là ce que je préfère à une histoire spéculative du passé. Cette observation suffira pour expliquer bien des passages et bien des lacunes dans notre ouvrage. Je serai loin, toutefois, de négliger tout ce qui peut intéresser, surtout les archéologues. L'explication des motifs qui m'ont commandé ce choix trouvera sa place dans mes volumes; je la réserve pour un temps où la publication sera plus avancée. Quoi qu'il en soit, de ce que tel ou tel objet ne paraît pas dans cet ouvrage, ou n'y paraîtra que plus tard, il ne faudrait pas en conclure que je ne le possède pas dans mes cartons.

Église de Saint-Ives à Braisne.

Mais il est temps d'en venir à la pratique, et l'église de Braisne réunit tant de mérites, qu'elle m'a paru digne d'être mise immédiatement sous les yeux du lecteur, quoique ce soit une de mes planches dont l'exécution a le moins répondu à mes désirs. C'est un exemple précieux du style français, à une époque où il était dans toute sa pureté.

Comme l'architecte n'a pas été arrêté par la question d'argent, il a pu donner libre carrière aux connaissances et au goût de son époque.

La France se fait gloire, et avec justice, de posséder bien des monuments plus célèbres, plus vastes et plus riches que les restes de l'abbaye des Prémontrés de Saint-Ives, à Braisne. Mais il serait difficile, en nous mettant au point de vue de nos ressources actuelles, de trouver une église qui joignît à autant de sévérité une plus large part de cette vraie beauté qui résulte de la grâce et de la justesse des proportions. Malheureusement, elle n'est plus complète : la nef a disparu, à l'exception des deux travées attenantes à la croisée. La façade Ouest, avec les bâtiments de l'abbaye, a été détruite pendant la révolution, et les débris ont servi à la réparation des routes. Cependant, l'ancien inspecteur, qui a surveillé la dispersion des vieilles colonnes sur la chaussée, a en sa possession un modèle du monument en ruines, ainsi que divers dessins tracés à l'échelle, avec un certain soin.

C'est d'après les indications, puisées dans ces diverses pièces, que j'ai rétabli la façade telle que la représente ma planche. C'est toutefois le seul renseignement que je doive à ce modèle; car toutes les autres données fournies par mes planches, plans, coupes, élévations, moulures et autres détails, ont été mesurées et dessinées d'après ce qui reste de l'église, c'est-à-dire, comme je l'ai dit, jusqu'à la deuxième travée de la nef.

Son histoire.

L'histoire de cette église est très-intéressante, en ce qu'elle nous donne une idée de l'esprit religieux qui animait les grandes familles du moyen âge, et voilà ce qui doit nous convaincre que, sans le même désintéressement, nous ne pouvons pas prétendre à rivaliser avec nos ancêtres, sous le rapport de l'architecture. Les comtes de Braisne avaient, au xii° siècle, bâti et doté sur les revenus de leurs domaines, une église collégiale pour une communauté de chanoines réguliers de Saint-Augustin. Du temps d'André de Baudemont, sénéchal de Champagne et Brie, et comte de Braisne du chef de sa femme, ces moines s'étaient livrés à la débauche et à l'oubli de leur règle. André se décida alors à céder à l'évêque de Soissons tous ses droits sur cette maison, qu'il avait fondée. Le prélat déplaça aussitôt les chanoines et leur substitua une colonie de Prémontrés. Cette transaction eut lieu en 1130. André de Baudemont fit le meilleur accueil à ces nouveaux religieux, et, peu de temps après, il embrassa avec sa femme la vie religieuse. Il se retira à Clairvaux et la dame à Fontenille, où elle mourut, l'an 1149, en odeur de sainteté. Son anniversaire est fixé au 17 juillet dans le bréviaire des Prémontrés. Leur fils Théobald suivit leur exemple et entra dans l'ordre de Saint-Norbert. Guy, leur autre fils, devint, par là même, seigneur de Braisne et se montra le dévoué protecteur de l'abbaye, comme son père. Mais c'est surtout d'Agnès, leur petite-fille et fille de ce Guy, que l'abbaye reçut des témoignages d'intérêt. Elle avait épousé le comte de Dreux, fils de Louis de France, et c'est elle qui employa ses immenses richesses à faire construire, pour les religieux de Braisne, cette belle et vaste église, dont nous admirons les ruines aujourd'hui.

Elle fut consacrée, en 1216, par l'archevêque de Reims et l'évêque de Soissons. A cette époque, on la considérait déjà, et c'est l'opinion que nous avons de ses restes, comme le vrai type de la beauté architecturale. Elle se compose d'une nef, de bas-côtés avec transept, d'un chœur avec abside et de quatre chapelles, deux à l'Est de chaque croisée. La longueur totale est de 70 mètres, la largeur de la nef avec les bas-côtés de 22 mètres, la hauteur de la nef de 18 environ. *Description de l'église.*

Ce sont là les dimensions qui s'accordent le mieux avec les conditions requises pour les églises qu'on veut construire aujourd'hui. Elles donnent une grande étendue à la nef, beaucoup de largeur aux bas-côtés, et la hauteur nous paraît convenable. Toutes les parties de la construction sont, en outre, harmonisées et achevées avec un soin extraordinaire. Les épures des moulures, des archivoltes et des voûtes, aussi bien que les socles des colonnes, sont du style le plus irréprochable. L'élévation du croisillon Nord est particulièrement digne de l'attention des architectes : elle porte éminemment l'empreinte de la beauté et de l'élégance françaises. Hélas! ce beau monument n'est plus qu'un débris de ce qu'il était au temps de sa gloire. Il avait alors un mobilier et des ornements du style le plus riche. Les vitraux avaient été exécutés en Angleterre, et un témoin de son antique gloire ne croit pas exagérer en disant qu'ils étaient remarquables par l'excellence de leur dessin et l'harmonie de leurs couleurs. Cette église a dû renfermer bien des monuments magnifiques; car, non-seulement la famille du fondateur, mais tous les nobles du voisinage l'avaient choisie pour lieu de sépulture. Elle renfermait, entr'autres, une œuvre sans pareille, même pour le xiv° siècle : c'était le tombeau d'un comte de Dreux, compagnon d'armes de Louis IX dans sa croisade. Malheureusement, tout cela a disparu ; les trésors de l'art ont été dispersés, les tombes détruites, les vitraux brisés : de tout ce bel ensemble il ne reste que les murs, et encore, en partie. Toutefois, je m'estime trop heureux de les retrouver aujourd'hui, puisqu'ils me permettront de perpétuer la *Ancienne gloire de cette église.*

4   SAINT-IVES A BRAISNE.

mémoire d'un monument d'une incomparable beauté. Le lecteur en jugera d'après mes faibles dessins.

DESCRIPTION DES PLANCHES.

PLANCHE 1. Plan de l'église complète. — Le même à l'étage supérieur de la façade Ouest. — Plan de la tour centrale au-dessus de la croisée. — Le tout.................... 1 pour 500
Élévation de la façade Ouest, d'après les dessins conservés par l'inspecteur, à l'époque de sa démolition. — Coupe sur le transept, coupe sur la nef............. 1 — 300

PLANCHE 2. Partie de l'élévation latérale du Nord. — Partie corrélative de la coupe longitudinale.... 1 — 300
Fig. 1. Pile de l'angle de l'abside, avec moulures des voûtes imposées. — *Fig.* 2. Le même, une travée vers l'Ouest. — *Fig.* 3. Le même à l'angle du chœur et de la chapelle. — Le tout à............. 1 — 25

PLANCHE 3. *Fig.* 1. Rosace des croisillons Nord et Sud avec profil de ses moulures.—*Fig.* 2. Elévation du pied-droit et archivolte.—Fenêtres inférieures du chœur.—*Fig.* 3. Profil du même. — *Fig.* 4. Profil du pied-droit et des archivoltes. — *Id.* des fenêtres supérieures du chœur et fenêtres des chapelles. — *Fig.* 5. *Id.* des fenêtres de la tour. — *Fig.* 6. *Id.* des jours du croisillon Nord. — *Fig.* 7. *Id.* des fenêtres au pignon du croisillon Nord. — Le tout à..................... 1 — 25

PLANCHE 4. *Fig.* 1, 2, 3. Pile des bas-côtés, au nord de la nef et de l'angle de la croisée, avec archivoltes et nervures des voûtes imposées. — Au-dessous de chaque profil les socles de ses colonnes. — *Fig.* 4. Élévation d'une partie du triforium. — *Fig* 5. Coupes du même avec moulures de ses arcs et les voûtes de la grande nef imposées.—*Fig.* 6 et 7. Colonnettes accouplées du bas-côté du croisillon Nord, et l'angle avec moulures des archivoltes et nervures des voûtes du bas-côté nord et du croisillon imposées.— *Fig.* 8. Dessin des ardoises creusées sur les tourelles du croisillon. — *Fig.* 9. Corniche cheneau du chœur. — *Fig.* 10. *Id.* du croisillon et des bas-côtés.— *Fig.* 11. *Id.* sous les fenêtres de clair étage.................... 1 — 25

PLANCHE 5. *Fig.* 1. Élévation d'une partie du triforium sous la coupole. — *Fig.* 2. Profils.— *Fig.* 3. Coupes avec ses archivoltes et les nervures des voûtes de la coupole imposées............. 1 — 25
En bas une vue perspective de l'église. — La flèche est une restauration de M. Shaw...

PLANCHE 6. Spécimen des plus élégants d'un grillage en fer battu de la même époque que l'église, à 1/4 de l'exécution. — Divers détails, 1/2 de l'exécution. — Coupes des barres, grandeur d'exécution.

PARIS. — IMPRIMERIE DE J. CLAYE, RUE SAINT-BENOIT, 7.

MONOGRAPHIES

DES ÉGLISES

D'ÉTAMPES ET DE FLAVIGNY

PAR M. THOMAS H. KING

ARCHITECTE A BRUGES

Avec Texte descriptif par GEORGE J. HILL. M. A.

5 PLANCHES GRAVÉES A L'EAU-FORTE SUR CUIVRE — (3 FR. 75)

EXTRAITES DE L'OUVRAGE INTITULÉ :

ÉTUDES PRATIQUES

TIRÉES

DE L'ARCHITECTURE DU MOYEN AGE

EN EUROPE

BRUGES
CHEZ L'AUTEUR, 30 RUE FONTAINE-DES-FRÈRES

LONDRES	PARIS
BELL & DALDY, LIBRAIRES	VICTOR DIDRON, LIBRAIRE
186 Fleet street	Rue St.-Dominique-St.-Germain, 23

Et chez tous les Libraires de France et de l'Étranger

1857

ÉTUDES PRATIQUES

TIRÉES DE

L'ARCHITECTURE DU MOYEN AGE

EN EUROPE

SÉRIES DE MONOGRAPHIES

DONT LES PLANS, COUPES, ÉLÉVATIONS ET DÉTAILS DE CHAQUE MONUMENT SONT DESSINÉS

A UNE MÊME ÉCHELLE

PAR

M. THOMAS H. KING

ARCHITECTE A BRUGES

Cet ouvrage offre, à ceux qui veulent étudier l'architecture gothique, des avantages qu'on chercherait vainement dans les autres publications du même genre, et qui consistent :

1° Dans l'abondance des matériaux qu'il fournit pour l'étude de l'art architectural du moyen âge : les deux premiers volumes seuls contiennent les dessins de cinquante églises, c'est-à-dire plus qu'aucun ouvrage n'en a jusqu'ici réunis dans son ensemble. Notre travail complet formera huit volumes dont chacun renfermera 100 planches, c'est-à-dire, en moyenne, l'illustration de vingt-cinq églises;

2° Dans la scrupuleuse exactitude et le soin minutieux qui ont présidé à l'exécution des dessins : ils peuvent, sous ce rapport, soutenir la comparaison avec tous ceux qui ont paru jusqu'ici. Dans aucun cas je n'ai accepté les mesures et les données d'autrui; tous les détails, plans, coupes, élévations, ont été mesurés expressément pour cet ouvrage, ou par moi-même, ou par des personnes investies de ma confiance et travaillant sous ma direction. Ce sont là de vraies garanties d'exactitude et d'authenticité;

3° Dans l'ordre que j'ai adopté : l'uniformité des échelles permettra à l'amateur de saisir d'un seul coup d'œil les dimensions relatives des diverses églises. Jusqu'à présent voici quelle était la marche suivie : on dessinait une grande église sur une petite échelle, et une petite église sur une grande échelle, de sorte que chaque figure, plan ou élévation occupait à elle seule une planche entière. Il en résultait que la comparaison de deux monuments exigeait un effort de l'esprit, tandis que, d'après mon système, ce n'est plus qu'une affaire de simple observation. Dans la présente publication, les plans des monuments ont pour échelle uniforme 1-500; les coupes et élévations 1-300; et les moulures, 1-25. De sorte que la comparaison est facile entre plans et plans, élévations et élévations, moulures et moulures ;

4° Dans la modicité du prix : à l'exception de l'exactitude, j'ai tout sacrifié pour atteindre à ce résultat. Comme mon livre est, avant tout, un ouvrage d'utilité pratique, j'ai moins visé, dans mes gravures, à la finesse de l'exécution qu'à l'instruction du lecteur, combinée avec son intérêt pécuniaire. Il est, en effet, incontestable que, pour l'étude aussi bien que pour la pratique, un simple contour au trait est préférable au dessin le plus artistement ombré. D'ailleurs, le temps qu'eût exigé un travail d'une grande délicatesse n'aurait pu être abrégé que par le concours d'un grand nombre d'artistes qui, n'étant pas imbus de mes principes et de mes idées, n'auraient peut-être qu'imparfaitement compris et rendu mes intentions. La surveillance seule d'un travail exécuté dans de pareilles conditions aurait nécessairement amené des retards dans la publication. Voilà pourquoi j'ai préféré des eaux-fortes que j'ai pu faire exécuter sous mes yeux.

J'ai fait plus encore pour diminuer autant que possible le prix de l'ouvrage : j'ai restreint le nombre des planches pour chaque monument en utilisant tout le blanc du papier. De cette façon, avec moins de frais pour lui, l'acheteur trouvera dans une seule autant de matériaux qu'il en aurait trouvé dans plusieurs planches d'un ouvrage où tout aurait été sacrifié à l'apparence.

C'est pour le même motif que j'ai évité la répétition du même trait, quand un seul suffisait, pour les élévations et coupes. La loi que je me suis imposée, en un mot, c'est de rencontrer l'utilité pratique en négligeant ce qui n'est qu'embellissement.

LES ÉGLISES D'ÉTAMPES

La petite ville d'Étampes possède quatre églises, dont trois méritent notre attention : ce sont celles de Notre-Dame, de Saint-Martin et de Saint-Basile.

Étampes.

NOTRE-DAME

La plus grande, et en même temps la plus importante, c'est Notre-Dame. Elle se compose d'un chœur avec plusieurs chapelles, d'une nef, de bas-côtés avec double croix, d'une tour à l'Ouest et d'une façade. Le dessin que nous en donnons expliquera mieux le plan que toute indication écrite. Si elle s'écarte du système rectiligne adopté généralement, cela tient, d'une part, à la nature du terrain, et de l'autre, au caractère du bâtiment qui devait servir en même temps de place-forte. L'église de Notre-Dame d'Étampes nous offre un exemple, qui malheureusement ne lui est point particulier, des périls de toute espèce auxquels la religion fut exposée au moyen âge, et de la nécessité où se trouvèrent les ecclésiastiques de confier à la force militaire la défense de leur vie et de leurs propriétés. Ce n'étaient pas seulement les ecclésiastiques, mais les personnes de tout le voisinage qui, au moment du danger, venaient se réfugier dans l'église. Nous citerons encore comme exemples d'églises-forteresses : Dol en Bretagne, Sainte-Cécile d'Alby et plusieurs autres du midi de la France.

Partout où elle présentait le plus de dangers, l'église de Notre-Dame avait ses fenêtres placées à une grande élévation, avec chambres au-dessus percées de meurtrières et garnies de mâchicoulis pour la défense de la garnison qui les occupait.

Dans le but de tenir tête à une agression armée, on avait multiplié les précautions autour de l'église.

Ce qu'il y a de remarquable encore dans Notre-Dame d'Étampes, c'est la tour qui paraît antérieure à l'église actuelle, monument du XIIIᵉ siècle. — Cette tour, surmontée

Notre-Dame.

Église-forteresse

La tour.

(4 planches.)   (7-10)

d'une flèche élégante en pierre, date, à mon avis, de la fin du xii° siècle, et présente un des exemples les plus anciens de flèches entièrement développées. Je lui ai consacré une page à échelle plus grande, afin qu'on puisse mieux distinguer les détails et les constructions.

Portail. — Le portail de la façade Ouest est intéressant et d'une grande richesse de sculpture, mais cruellement mutilé.

Dimensions. — La plus grande longueur de cette église est de 53 mètres 30 centimètres; la hauteur est de 18 mètres 30 centimètres sous clef, et la hauteur de la flèche est à peu près celle de l'église.

Nous avons consacré deux planches à l'illustration de cette église.

SAINT-MARTIN

Saint-Martin. — L'église de Saint-Martin se distingue par les proportions exquises de son plan et l'imposante simplicité de son dessin. C'est surtout comme modèle d'église paroissiale qu'elle mérite l'étude de nos architectes. Elle est construite d'un seul jet et à la meilleure époque du style ogival. Loin de prétendre à l'imitation d'une cathédrale en miniature, elle est exempte de prétention et présente un tout complet dont l'esprit saisit à l'instant toute l'économie : elle offre toutes les parties nécessaires aux offices religieux, un sanctuaire suffisant, entouré d'un ambulatoire pour les processions et trois chapelles.

Dimensions. — La nef est spacieuse sans être d'une largeur démesurée. La longueur entière de la nef et du chœur est de 43 mètres 50 centimètres, sans compter le bas-côté et la chapelle de la Vierge; mais si l'on y comprend ces deux parties, l'église compte environ 61 mètres. La hauteur est de 17 mètres 70 centimètres. Pour l'ensemble, il serait difficile de choisir une église qui remplit mieux les conditions réclamées pour les églises modernes.

La tour. — La tour se montre détachée à l'ouest. Elle n'est ni du même style, ni de la même beauté que l'église actuelle, dont elle ne fait point partie; mais, elle est couronnée de quatre pignons, et c'est une particularité qu'on rencontre assez souvent dans le pays.

Colonnes accouplées. — Les colonnes de l'abside sont alternativement monocylindriques et accouplées.

Une seule planche reproduit toute l'église.

SAINT-BASILE

Saint-Basile. — Saint-Basile est une belle église, mais, sous tous les rapports, bien inférieure à Notre-Dame et à Saint-Martin; elle a, d'ailleurs, subi, à diverses époques, des changements qui l'ont dénaturée.

La tour est ce que j'ai trouvé de plus intéressant dans le bâtiment. L'étage supérieur est percé de fenêtres d'un dessin hardi, et le sommet est couvert d'un toit assez pittoresque, surmonté d'une crête en fer, comme il arrive fréquemment dans cette partie de la France. Le toit de la nef, qui a été exhaussé, empiète sur la tour au détriment de celle-ci.

ÉGLISES D'ÉTAMPES.

Cette église a 48 mètres de longueur et 17 mètres de hauteur ; les chapelles de la nef sont des additions en mauvais style. J'ai consacré à cette église la planche 4.

Dimensions.

DESCRIPTION DES PLANCHES.

Planche 1.	Elle contient le plan général à..	1 pour	500	Notre-Dame.
	Coupe transversale et élévation de la façade Ouest avec flèche.....................	1 —	300	
Planche 2.	Élévation de la partie supérieure de la tour et flèche avec plan à..................	1 —	100	
	Fig. 1. Élévation, portail Ouest...	1 —	50	
	Fig. 2. Coupe pied-droit. — *Fig.* 3. Archivolte. — *Fig.* 4. Colonne de la croisée. — *Fig.* 5. Chapelle du Nord. — *Fig.* 6. Socle de même. — *Fig.* 7, 8 et 9. Archivoltes et nervures des voûtes. — *Fig.* 10 et 11. Coupe, fenêtre de la tour, à...	1 —	25	
Planche 3.	Plan général à..	1 pour	500	Saint-Martin.
	Coupe *a a a b*. Élévation d'une travée de la nef à l'intérieur......................	1 —	300	
	La moitié d'une travée du chœur. Étage supérieur de la tour........................	1 —	100	
	Fig. 1. Colonne de la nef. — *Fig.* 2. Son socle. — *Fig.* 3. Dernière colonne vers l'Ouest de la nef. — *Fig.* 4. Colonnes accouplées de l'abside. — *Fig.* 5 à 10. Diverses coupes, profils d'archivoltes et nervures des voûtes. — *Fig.* 11. Coupe, coin de la tour, à...	1 —	25	
Planche 4.	Sur laquelle on trouvera le plan...	1 pour	500	Saint-Basile.
	Coupe transversale...	1 —	300	
	La tour en élévation..	1 —	100	
	Fig. 1. Profil, coin de la tour avec jambages des fenêtres. — *Fig.* 2. Archivoltes des fenêtres de la tour. — *Fig.* 3, 4. — Colonnettes. — *Fig.* 5. Encorbellement et corniche, le tout à..	1 —	25	

L'ÉGLISE SAINT-GENÈS

A FLAVIGNY, DIOCÈSE DE BESANÇON

Flavigny est une petite ville de Bourgogne qui eut autrefois une certaine importance; mais, à l'époque des guerres civiles, les faubourgs ayant été détruits dans l'intérêt des fortifications, elle ne s'est jamais relevée, et c'est aujourd'hui une place presque insignifiante. Avant la Révolution, outre l'église paroissiale, elle en avait une autre qui appartenait à une abbaye de Bénédictins.

Histoire.

A l'époque du rétablissement du culte, une des deux églises seulement fut rendue à sa destination primitive, et les habitants, à qui le choix en fut remis, donnèrent la préférence à leur ancienne église paroissiale. On laissa donc l'abbaye tomber en ruines. Enfin, depuis peu de temps, elle a été démolie, et il reste aujourd'hui bien peu de vestiges de ce qui fut autrefois un établissement considérable.

L'église paroissiale est dédiée à saint Genès. Elle se compose d'un chœur, de trois chapelles, d'une nef avec bas-côtés et d'une tour. Celle-ci est placée entre la nef et le chœur. Le chœur est bien inférieur, sous le rapport du style, au reste de l'édifice : nous ajouterons même qu'il est médiocre dans son genre. La seule partie qui mérite d'être reproduite et qui a valu à l'église une place dans notre ouvrage, c'est la nef, dont la disposition présente une singularité fort remarquable, quand on tient compte des minimes dimensions du bâtiment.

Saint-Genès.

Les archivoltes et les colonnes de la nef sont d'un style remarquable de pureté et de hardiesse. Quant au jubé, il est disposé de telle façon, qu'il complète, pour ainsi dire, le triforium avec lequel il communique pour former autour de la nef une galerie au-dessus et dans toute la largeur des bas-côtés.

La galerie.

Ce jubé n'est pas une clôture proprement dite, mais un arc qui occupe toute la largeur de la travée orientale de la nef. La communication s'établit entre cette espèce de pont et les galeries par quelques marches élevées de chaque côté. A l'ouest, le cercle est complété par une voûte jetée à travers la nef, au niveau du triforium, et qui embrasse deux travées de sa longueur.

(1 planche.)

L'ÉGLISE SAINT-GENÈS, A FLAVIGNY.

Cette galerie autour de la nef n'est pas chose rare : elle se retrouve dans quelques autres localités; c'est même un trait assez vulgaire des petites églises rhénanes, où on la nomme *Mannerchor*, parce qu'elle était réservée aux hommes, là où l'on avait l'habitude de séparer les sexes.

Cet usage se conserve encore dans quelques localités, et je l'ai moi-même rencontré à Andernach.

Cette galerie au-dessus des bas-côtés se rencontre aussi en France, notamment à Notre-Dame de Paris, à Saint-Sernin, à Toulouse, où elle se prolonge autour du chœur et dans quelques autres églises de la même époque. Ce qui est particulier à Flavigny, c'est que la galerie continue à travers la nef et la communication se fait au moyen d'un escalier en pierre, ménagé de chaque côté, dans la travée Est et au Sud; quelques marches de plus donnent de chaque côté accès au jubé.

Balustrade en bois. Autour de toute la galerie que nous venons de décrire règne une balustrade en bois, ouvrage du xv° siècle.

Le jubé, aussi du xv° siècle, est en pierre et richement exécuté. Il faut de plus signaler une chaire de vérité qui fait corps avec la balustrade à jour du côté de la nef et un peu vers le Nord; elle est jetée sur un encorbellement joliment sculpté.

DESCRIPTION DE LA PLANCHE.

J'ai renfermé dans une seule planche tout ce que j'ai trouvé d'intéressant à Flavigny : c'est le plan débarrassé de quelques additions modernes................ 1 pour 500
Coupe longitudinale, coupe transversale, à.. 1 — 300
Fig. 1. Élévation de la balustrade en bois, et sa coupe; coupe verticale à............ 1 — 10
Fig. 2. Coupe verticale de la balustrade en pierre du jubé, à travers la chaire de vérité et montrant sa saillie et son encorbellement. — *Fig.* 3, 4, 5. Corniches et bandeaux. — *Fig.* 6. Archivoltes de la nef. — *Fig.* 7. De la galerie. — *Fig.* 8, 9. Élévation et coupe des colonnes de la nef. — *Fig.* 10. Monture des voûtes. — *Fig.* 11. Archivoltes des chapelles latérales. — *Fig.* 12. Des fenêtres. — *Fig.* 13. *Ib.* de la tour.. 1 — 25

MONOGRAPHIES

DES CATHÉDRALES

DE SAINTE-CÉCILE A ALBY

ET DE SAINT-BERTRAND DE COMMINGES

PAR M. THOMAS H. KING

ARCHITECTE A BRUGES

Avec Texte descriptif par GEORGE J. HILL. M. A.

7 PLANCHES GRAVÉES A L'EAU-FORTE SUR CUIVRE — (5 FR. 25)

EXTRAITES DE L'OUVRAGE INTITULÉ :

ÉTUDES PRATIQUES

TIRÉES

DE L'ARCHITECTURE DU MOYEN AGE

EN EUROPE

BRUGES

CHEZ L'AUTEUR, 30 RUE FONTAINE-DES-FRÈRES

LONDRES	**PARIS**
BELL & DALDY, LIBRAIRES	VICTOR DIDRON, LIBRAIRE
186 Fleet street	Rue St.-Dominique-St.-Germain, 23

Et chez tous les Libraires de France et de l'Étranger

1857

ÉTUDES PRATIQUES

TIRÉES DE

L'ARCHITECTURE DU MOYEN AGE

EN EUROPE

SÉRIES DE MONOGRAPHIES

DONT LES PLAN, COUPE, ÉLÉVATIONS ET DÉTAILS DE CHAQUE MONUMENT SONT DESSINÉS

A UNE MÊME ÉCHELLE

PAR

M. THOMAS H. KING

ARCHITECTE A BRUGES

Cet ouvrage offre, à ceux qui veulent étudier l'architecture gothique, des avantages qu'on chercherait vainement dans les autres publications du même genre, et qui consistent :

1° Dans l'abondance des matériaux qu'il fournit pour l'étude de l'art architectural du moyen âge : les deux premiers volumes seuls contiennent les dessins de cinquante églises, c'est-à-dire plus qu'aucun ouvrage n'en a jusqu'ici réunis dans son ensemble. Notre travail complet formera huit volumes dont chacun renfermera 100 planches, c'est-à-dire, en moyenne, l'illustration de vingt-cinq églises ;

2° Dans la scrupuleuse exactitude et le soin minutieux qui ont présidé à l'exécution des dessins : ils peuvent, sous ce rapport, soutenir la comparaison avec tous ceux qui ont paru jusqu'ici. Dans aucun cas je n'ai accepté les mesures et les données d'autrui ; tous les détails, plans, coupes, élévations, ont été mesurés expressément pour cet ouvrage, ou par moi-même, ou par des personnes investies de ma confiance et travaillant sous ma direction. Ce sont là de vraies garanties d'exactitude et d'authenticité ;

3° Dans l'ordre que j'ai adopté : l'uniformité des échelles permettra à l'amateur de saisir d'un seul coup d'œil les dimensions relatives des diverses églises. Jusqu'à présent voici quelle était la marche suivie : on dessinait une grande église sur une petite échelle, et une petite église sur une grande échelle, de sorte que chaque figure, plan ou élévation occupait à elle seule une planche entière. Il en résultait que la comparaison de deux monuments exigeait un effort de l'esprit, tandis que, d'après mon sytème, ce n'est plus qu'une affaire de simple observation. Dans la présente publication, les plans des monuments ont pour échelle uniforme 1-500 ; les coupes et élévations 1-300 ; et les moulures, 1-25. De sorte que la comparaison est facile entre plans et plans, élévations et élévations, moulures et moulures ;

4° Dans la modicité du prix : à l'exception de l'exactitude, j'ai tout sacrifié pour atteindre à ce résultat. Comme mon livre est, avant tout, un ouvrage d'utilité pratique, j'ai moins visé, dans mes gravures, à la finesse de l'exécution qu'à l'instruction du lecteur, combinée avec son intérêt pécuniaire. Il est, en effet, incontestable que, pour l'étude aussi bien que pour la pratique, un simple contour au trait est préférable au dessin le plus artistement ombré. D'ailleurs, le temps qu'eût exigé un travail d'une grande délicatesse n'aurait pu être abrégé que par le concours d'un grand nombre d'artistes qui, n'étant pas imbus de mes principes et de mes idées, n'auraient peut-être qu'imparfaitement compris et rendu mes intentions. La surveillance seule d'un travail exécuté dans de pareilles conditions aurait nécessairement amené des retards dans la publication. Voilà pourquoi j'ai préféré des eaux-fortes que j'ai pu faire exécuter sous mes yeux.

J'ai fait plus encore pour diminuer autant que possible le prix de l'ouvrage : j'ai restreint le nombre des planches pour chaque monument en utilisant tout le blanc du papier. De cette façon, avec moins de frais pour lui, l'acheteur trouvera dans une seule autant de matériaux qu'il en aurait trouvé dans plusieurs planches d'un ouvrage où tout aurait été sacrifié à l'apparence.

C'est pour le même motif que j'ai évité la répétition du même trait, quand un seul suffisait, pour les élévations et coupes. La loi que je me suis imposée, en un mot, c'est de rencontrer l'utilité pratique en négligeant ce qui n'est qu'embellissement.

LES ÉGLISES D'ALBY

SAINTE-CÉCILE

Notre-Dame d'Étampes nous a déjà fourni un spécimen d'église fortifiée; voici un exemple tout autrement remarquable du type militaire : il s'agit de la cathédrale d'Alby, laquelle ne mérite guère le nom d'église dans le sens qu'on attache ordinairement à ce mot, surtout si on la compare aux monuments du moyen âge. C'est plutôt une vaste halle, où le sanctuaire ne figure que comme accessoire. Ce n'est pas, comme Notre-Dame d'Étampes, une église fortifiée; mais c'est une forteresse transformée en église, aussi bien qu'il a été possible.

Sainte-Cécile.

Alby fut érigé en évêché dès le IVe siècle; mais ce ne fut qu'à l'avénement du cardinal Bernard de Castinete, son 44e évêque, que fut élevé un édifice digne de ce nom. Après avoir fait disparaître une église plus ancienne dédiée à Sainte-Croix, qui appartenait à un chapitre de chanoines réguliers de Saint-Augustin, supprimés en 1297, le cardinal choisit une situation plus imposante pour sa forteresse et posa, en 1382, la première pierre de sa nouvelle cathédrale, sous la commune invocation de Sainte-Croix et de Sainte-Cécile. Mais, malgré le soin qu'il eut de pourvoir aux frais de construction par une rente annuelle prise sur ses revenus et sur ceux du chapitre, les travaux semblent avoir fait de bien lents progrès, d'après ce que nous lisons que l'église ne fut couverte qu'en 1397, sous l'épiscopat de Guillaume de la Voulte, 65e évêque d'Alby, et ne fut consacrée que le 23 avril 1480, Louis d'Amboise officiant.

Histoire de la fondation.

Quoique dessinée d'après des principes complétement étrangers aux usages ecclésiastiques, l'église de Sainte-Cécile d'Alby est assurément l'un des édifices les plus remarquables érigés pour la religion dans le midi de la France. Son caractère est italien et elle offre plutôt le type d'une basilique latine à Rome que d'une cathédrale du moyen âge. Les détails en sont néanmoins du style ogival et c'est une concession faite, sans aucun doute, par les constructeurs, à l'esprit de leur temps. L'ogive y est, en effet, employée parfois dans des conditions où la véritable science de la construction aurait décidément préféré le plein-cintre. La voûte de la nef, par exemple, dont la pesanteur égale la

Sa fortification.

solidité, aurait pu, tout aussi bien, se formuler en plein-cintre : c'est même le principe généralement admis pour les arcs jetés de contre-forts en contre-forts, au-dessus des chapelles du premier étage.

Description de l'église.

L'église se compose d'une salle oblongue terminée par une abside et entourée de contre-forts qui servent de contre-boutants à ses vastes voûtes. Entre les contre-forts sont ménagées des chapelles à deux étages qui règnent tout autour de l'église. Dans la nef, ces chapelles sont carrées; mais autour de l'abside elles suivent, d'elles-mêmes, une forme polygonale, à leurs parois extérieures. Celles de l'étage supérieur se trouvent à peu près à la naissance des voûtes, qui, vu la largeur de l'église, prennent ici naissance à mi-hauteur de l'édifice. Toutes ces chapelles communiquent les unes avec les autres par de petites portes pratiquées dans les contre-forts et forment ainsi une galerie intérieure tout autour du bâtiment. Il est à supposer que, dans la construction de ces chapelles, on a eu en vue quelques opérations défensives, puisqu'elles n'ont aucune espèce de rapport avec les usages ecclésiastiques. La longueur totale de cette église est de 105 mètres 40 centimètres. L'espace compris dans la voûte est de 18 mètres 45 centimètres, c'est-à-dire 4 mètres 70 centimètres de plus que la cathédrale de Cologne. Les arcs-doubleaux ont à peu près un mètre d'épaisseur, tandis qu'à Cologne ils n'ont guère que 50 centimètres. Ces chiffres témoignent plus éloquemment qu'aucune description, de l'énorme consistance des voûtes dont les claveaux se trouvent suspendus à une hauteur de 30 mètres au-dessus du pavement. Les contre-forts, qui servent à soutenir d'une manière inébranlable ces vastes carrières de pierre, sont d'une dimension proportionnée, et, à une épaisseur de 1 mètre 70 centimètres, elles joignent une saillie de plus de 7 mètres 90 centimètres, espace dont on a profité pour les chapelles que nous avons décrites plus haut. Contrairement aux règles suivies dans les autres contre-forts, ces vastes cubes de maçonnerie ne sont pas du tout évasés vers leurs sommets, mais ils restent cubes dans toute la hauteur. Ces ouvrages sont doublement reliés entr'eux, d'abord, à moitié de leur élévation, par les voûtes des chapelles inférieures, voûtes qui forment ainsi le pavement de la galerie ou étage supérieur; puis, à leurs sommets, par une série d'arcs qui servent en même temps aux voûtes des chapelles supérieures. Toutes ces voûtes, comme je l'ai déjà fait observer, auraient été bien plus d'accord avec les règles de la construction, si elles avaient été en plein-cintre.

Ses voûtes.
Ses contre-forts.

L'extérieur de chaque contre-fort est garni d'une construction semi-circulaire sur un axe de 3 mètres 60 centimètres. Cette construction ressemble à une tourelle; elle est aussi de maçonnerie massive et va jusqu'à la hauteur des voûtes où elle s'arrête. L'intention première du constructeur était, sans doute, de les surmonter jusqu'au niveau des machicoulis, de véritables tourelles à courtine. Débordant, de chaque côté, l'épaisseur des contre-forts d'environ un mètre, ces demi-tourelles semblent former une partie notable des murs extérieurs de toute l'église. L'espace compris entre leurs angles et qui forme le mur de clôture, a néanmoins 1ᵐ 40 d'épaisseur, de sorte que cette combinaison de contre-forts, de tourelles, de murs et de voûtes, qui entourent l'église, est d'une solidité à toute épreuve, et présente une admirable résistance à cette montagne de pierres et de briques dont se composent les voûtes de la nef.

La terrasse formée par les voûtes supérieures entre les contre-forts, était, sans aucun doute, destinée aux opérations stratégiques et devait se compléter d'une balustrade à créneaux ; mais cette partie de l'édifice ne fut jamais terminée, parce que des temps plus paisibles suivirent probablement les temps de trouble. Aussi, par l'absence de tout couronnement, l'ensemble du monument paraît incomplet.

Les murs extérieurs qui séparent les tourelles sont percés d'ouvertures très-étroites à l'étage des chapelles inférieures, et forment de véritables meurtrières ; mais, à l'étage supérieur, elles sont garnies de réseaux, et ont quelque prétention à la forme consacrée aux églises, sans doute, parce qu'à cette hauteur on se croyait à l'abri d'un coup de main de l'ennemi.

Pour empêcher les assiégeants d'approcher trop près des murs, les fondations sont prolongées jusqu'en dehors de la ligne extérieure des tourelles et forment ainsi un glacis qui atteint les murs de clôture jusqu'au niveau du pavement intérieur. A l'Ouest, s'élève la tour, nous devrions dire, le donjon, dont nous trouvons ici les attributs plutôt que ceux d'une tour d'église. Point de porte ni d'ouverture au niveau du sol. Ses murs ont environ 3 1/2 mètres d'épaisseur, et, ce qui les rend plus massifs encore, ce sont les tourelles qu'ils offrent à leurs angles, tourelles qui, dans presque toute leur hauteur, ne sont que des massifs de maçonnerie. <small>La tour.</small>

On entre dans l'église, du côté Sud, par une série considérable de marches, protégée à l'extérieur par une courtine avec une véritable porte de forteresse, garnie de créneaux et machicoulis, flanquée d'une tourelle et offrant tous les appareils de défense en usage à cette époque. On peut encore entrer dans l'église par un passage de communication entre l'évêché et la sacristie. L'évêché lui-même est fortifié, entouré d'un gros mur avec donjon et protégé, en outre, par une rivière, qui coule à trente pieds plus bas.

Tel est le style du bâtiment ; il me reste à indiquer comment on tirait parti de cette vaste enceinte pour les besoins du culte. On y ménagea un chœur par l'érection d'une clôture en pierre, qui servait en même temps de jubé et qui divisait l'église dans sa longueur en deux parties à peu près égales. — Les dossiers des stalles réservées aux chanoines rangés à l'intérieur se prolongeaient dans l'abside autour de l'autel, et, comme ils se trouvaient à quelque distance des chapelles, ils formaient une clôture qui transformait le pourtour du chœur en véritable bas-côté. Ce jubé est dû à Louis d'Amboise, qui consacra l'église en 1480. — C'est lui, aussi, qui a doté l'église de tous les objets nécessaires à la célébration la plus éclatante des mystères de la religion. <small>Chœur.</small>

Du côté de la nef, ce jubé présente un aspect imposant : c'est le prodige du travail en pierre : chapelles, statuettes, dais, pinacles et fleurons offrent, dans leur ensemble, une vraie dentelle ; c'est un bijou d'élégance et de délicatesse, qui contraste de la manière la plus frappante avec la rude et simple architecture sur laquelle il s'élève. — Un autre morceau, presque aussi remarquable, sous le rapport du style, c'est le porche des Nobles élevé au-dessus du portail Sud. — C'est probablement une production de la même main et, si nous y joignons les stalles et leurs dossiers, dont le style accuse seulement une légère décadence, on aura un ensemble d'un luxe extraordinaire, qui ne peut avoir été inspiré que par le retour de temps paisibles, où l'on n'avait plus à se prémunir tous les jours contre les ravages et les dévastations de la guerre. <small>Jubé.</small> <small>Porche des Nobles.</small>

On remarquera, sans doute, qu'il devait pénétrer bien peu de lumière dans cette église par les ouvertures étroites, qui servaient tout à la fois de fenêtres et de meurtrières. Ce qui diminue encore le jour d'une manière considérable, c'est la position des contre-forts <small>L'église insuffisamment éclairée.</small>

ÉGLISES D'ALBY.

qui, faisant saillie dans l'intérieur du bâtiment et allongés à dessein pour résister à la poussée de la voûte, projettent à travers la nef les larges bandes de leurs fortes ombres. Les nervures de la voûte, prenant naissance environ à mi-hauteur de la nef, donnent elles-mêmes un aspect très-lourd à l'intérieur. Mais, ces deux défauts sont bien atténués par l'usage judicieux qu'on a fait de la couleur, si bien que, au premier coup d'œil, avant qu'on ait eu le temps de se rendre compte des dimensions du bâtiment, on n'est pas frappé de cet inconvénient. Cette peinture, qui recouvre toute l'église, fut exécutée en 1510 par Charles Robertel. Privé de cette décoration, l'intérieur serait froid, triste et lourd et ne pourrait, un seul instant, soutenir la comparaison avec nos églises du Nord, malgré l'aspect défavorable qu'elles présentent aujourd'hui.

La peinture.

Bâtie en briques.

Ce vaste monument est entièrement construit en briques, excepté les meneaux des fenêtres, les balustrades, le porche des nobles et le jubé.

L'exemple offert par la construction d'Alby fut appliqué à quelques autres églises du Languedoc, notamment à Moissac, et Saint-Bertrand des Comminges. On y rencontre, en effet, certaines églises fortifiées et d'autres qui pouvaient l'être au besoin; mais heureusement, ce genre ne dépassa point le territoire qui lui donna naissance.

SAINT-SALVI

Église de Saint-Salvi.

L'église de Saint-Salvi, dans la même ville, ne fut pas, non plus, à l'abri de l'influence qu'exerça celle de Sainte-Cécile, quoique, à vrai dire, ce ne soit pas une église fortifiée. Les constructeurs me semblent y avoir agi avec quelque méfiance, ne pratiquant leurs ouvertures qu'à une certaine hauteur du sol, et les faisant longues et étroites; ajoutez à cela que la situation de l'église domine, là aussi, les terrains environnants. Cette abbaye fut originairement fondée au vi^e siècle. La partie inférieure de la tour seule porte le cachet de sa première construction; mais la galerie à ogives qui la couronne est d'une époque bien postérieure. On croit même que la tourelle ronde qui la surmonte servait de fanal dans les temps malheureux de ces guerres sanglantes qui dévastèrent l'Albigeois, sous l'infortuné Raymond comte de Toulouse. Ce qui m'a attiré à Saint-Salvi et ce qui lui a fait trouver place dans mon livre, ce sont ses cloîtres, qui appartenaient probablement à une église antérieure à celle que nous voyons. Ces cloîtres se rattachent complétement à ce genre de style dont les influences du Midi ont modifié l'architecture ogivale, et voilà pourquoi j'ai cru devoir leur consacrer une page.

DESCRIPTION DES PLANCHES.

Sainte-Cécile.

PLANCHE 1. Plan général de l'église et des sacristies............................... 1 pour 500
Fig. 1 et 2. Face intérieure des piles de la nef et de l'abside. — Fig. 3-4. Nervures de la voûte à... 1 — 25
En bas, vue d'un ancien pont avec les plans de ses aboutissements. — Ce pont fut construit par le vicomte Aton II en 1035; les matériaux sont la brique et la pierre. La solidité en est telle, qu'il résiste, sans en être ébranlé, à tous les assauts de la Garonne, grossie des eaux des montagnes au point que parfois le courant dépasse le niveau du pont.

PLANCHE 2. *a. a.* Moitié de la coupe de l'église vers l'Ouest et figurant le portail fortifié qui se trouve au bas de l'escalier avec sa tourelle crénelée. — *a. b.* Moitié de la coupe du

ÉGLISES D'ALBY.

        côté de l'Est et figurant l'intérieur du jubé dans sa hauteur et le magnifique porche des nobles en dehors.

        Plus bas, une travée de la nef intérieure et extérieure. A l'extérieur nous voyons les tourelles semi-circulaires qui forment la face extérieure des contre-forts; à l'intérieur on voit les chapelles à deux étages et la terrasse au-dessus des voûtes de la chapelle de l'étage supérieur. .... 1 pour 300

        Fig. 1-2-3-4. Exemples des réseaux des fenêtres supérieures...................... 1 — 100

        Fig. 5. Une partie de *fig.* 1 agrandie. — *Fig.* 6. Profil des jambages de *fig.* 1 et 2. — *Fig.* 7. Profil des jambages de *fig.* 3 et 4 à .... 1 — 25

PLANCHE 3. Élévation du portail de sortie figuré *a* sur le plan à .... 1 — 200

        Fig. 1. Son pied-droit. — *Fig.* 2. Ses archivoltes en profil. — *Fig.* 3. Encorbellement des embrasures et balustrade. — *Fig.* 4. Moulures des mêmes. — Au coin un croquis des crénelages montrant leur saillie et machicoulis................. 1 — 25

PLANCHE 4. Élévation d'une partie de la grande tour à l'Ouest. — Plans à A et B à.............. 1 — 100

        Les tourelles rondes aux angles ne continuent au sommet que vers l'Est.

        Fig. 1. Balustrade de la tourelle ronde. — *Fig.* 2. *Idem* de la grande tour avec coupe. — *Fig.* 3. Coupe meneau de la fenêtre et encorbellement de balustrade — étage supérieur de la tour. — *Fig.* 4. Jambage et meneau-fenêtre du beffroi ou lanterne. — *Fig.* 5 et 6. Plinthe des contre-forts du beffroi et corniche de l'étage en dessous. — *Fig.* 7. Angle de l'octogone du beffroi, étage inférieur. — *Fig.* 8. Pinacle engagé. Le tout à .... 1 — 25

PLANCHE 5. Plan général de l'église de Saint-Salvi.. 1 — 500 Saint-Salvi.

        Coupe longitudinale en partie. — Coupe transversale............................. 1 — 300

        Arcature de la tour.. 1 — 25

PLANCHE 6. Divers détails en élévation des cloîtres et une partie du plan des mêmes........... 1 — 25

        Fig. 1-2-3. Colonnes de la nef de l'église avec profils de leurs socles............... 1 — 25

SAINT-BERTRAND DE COMMINGES

L'église de Saint-Bertrand de Comminges est construite sur la pointe d'un rocher, à l'ouverture du val de Barberousse, dans les Pyrénées. Elle s'élève sur l'emplacement d'un édifice plus ancien, dont il ne reste que les cloîtres. *Saint-Bertrand de Comminges.*

On ne sait pas précisément le nom de celui qui a jeté les fondements de l'église actuelle, qui semble reproduire, sur une moindre échelle, toutes les dispositions de Sainte-Cécile d'Alby. On sait toutefois qu'elle fut terminée par Hugues de Châtillon, et que cet évêque mourut en 1352. *Son style.*

Le chœur et les chapelles rappellent tout-à-fait l'église d'Alby. On y voit des boiseries et un orgue; mais ce sont des ouvrages du xvi⁰ siècle, absolument dépourvus de caractère et de mérite. *Son histoire.*

Voici ce que je donne de Saint-Bertrand :

Plan général avec cloîtres...	1 pour 500
Coupe transversale. — Élévation intérieure et extérieure d'une travée de la nef......	1 — 300
Détail des restes des cloîtres...	1 — 25

DESCRIPTION DES PLANCHES.

(1 planche.) 18.

MONOGRAPHIE

DE

L'ABBAYE CISTERCIENNE

D'ALTENBERG EN WESTPHALIE

PAR M. THOMAS H. KING

ARCHITECTE A BRUGES

Avec Texte descriptif par GEORGE J. HILL. M. A.

8 PLANCHES GRAVÉES A L'EAU-FORTE SUR CUIVRE — (6 FR.)

EXTRAITES DE L'OUVRAGE INTITULÉ :

ÉTUDES PRATIQUES

TIRÉES

DE L'ARCHITECTURE DU MOYEN AGE

EN EUROPE

BRUGES

CHEZ L'AUTEUR, 50 RUE FONTAINE-DES-FRÈRES

LONDRES	PARIS
BELL & DALDY, LIBRAIRES	VICTOR DIDRON, LIBRAIRE
186 Fleet street	Rue St.-Dominique-St.-Germain, 23

Et chez tous les Libraires de France et de l'Étranger

1857

ÉTUDES PRATIQUES

TIRÉES DE

L'ARCHITECTURE DU MOYEN AGE

EN EUROPE

SÉRIES DE MONOGRAPHIES

DONT LES PLAN, COUPE, ÉLÉVATIONS ET DÉTAILS DE CHAQUE MONUMENT SONT DESSINÉS

A UNE MÊME ÉCHELLE

PAR

M. THOMAS H. KING

ARCHITECTE A BRUGES

Cet ouvrage offre, à ceux qui veulent étudier l'architecture gothique, des avantages qu'on chercherait vainement dans les autres publications du même genre, et qui consistent :

1° Dans l'abondance des matériaux qu'il fournit pour l'étude de l'art architectural du moyen âge : les deux premiers volumes seuls contiennent les dessins de cinquante églises, c'est-à-dire plus qu'aucun ouvrage n'en a jusqu'ici réunis dans son ensemble. Notre travail complet formera huit volumes dont chacun renfermera 100 planches, c'est-à-dire, en moyenne, l'illustration de vingt-cinq églises;

2° Dans la scrupuleuse exactitude et le soin minutieux qui ont présidé à l'exécution des dessins : ils peuvent, sous ce rapport, soutenir la comparaison avec tous ceux qui ont paru jusqu'ici. Dans aucun cas je n'ai accepté les mesures et les données d'autrui; tous les détails, plans, coupes, élévations, ont été mesurés expressément pour cet ouvrage, ou par moi-même, ou par des personnes investies de ma confiance et travaillant sous ma direction. Ce sont là de vraies garanties d'exactitude et d'authenticité;

3° Dans l'ordre que j'ai adopté : l'uniformité des échelles permettra à l'amateur de saisir d'un seul coup d'œil les dimensions relatives des diverses églises. Jusqu'à présent voici quelle était la marche suivie : on dessinait une grande église sur une petite échelle, et une petite église sur une grande échelle, de sorte que chaque figure, plan ou élévation occupait à elle seule une planche entière. Il en résultait que la comparaison de deux monuments exigeait un effort de l'esprit, tandis que, d'après mon sytème, ce n'est plus qu'une affaire de simple observation. Dans la présente publication, les plans des monuments ont pour échelle uniforme 1-500; les coupes et élévations 1-300; et les moulures, 1-25. De sorte que la comparaison est facile entre plans et plans, élévations et élévations, moulures et moulures;

4° Dans la modicité du prix : à l'exception de l'exactitude, j'ai tout sacrifié pour atteindre à ce résultat. Comme mon livre est, avant tout, un ouvrage d'utilité pratique, j'ai moins visé, dans mes gravures, à la finesse de l'exécution qu'à l'instruction du lecteur, combinée avec son intérêt pécuniaire. Il est, en effet, incontestable que, pour l'étude aussi bien que pour la pratique, un simple contour au trait est préférable au dessin le plus artistement ombré. D'ailleurs, le temps qu'eût exigé un travail d'une grande délicatesse n'aurait pu être abrégé que par le concours d'un grand nombre d'artistes qui, n'étant pas imbus de mes principes et de mes idées, n'auraient peut-être qu'imparfaitement compris et rendu mes intentions. La surveillance seule d'un travail exécuté dans de pareilles conditions aurait nécessairement amené des retards dans la publication. Voilà pourquoi j'ai préféré des eaux-fortes que j'ai pu faire exécuter sous mes yeux.

J'ai fait plus encore pour diminuer autant que possible le prix de l'ouvrage : j'ai restreint le nombre des planches pour chaque monument en utilisant tout le blanc du papier. De cette façon, avec moins de frais pour lui, l'acheteur trouvera dans une seule autant de matériaux qu'il en aurait trouvé dans plusieurs planches d'un ouvrage où tout aurait été sacrifié à l'apparence.

C'est pour le même motif que j'ai évité la répétition du même trait, quand un seul suffisait, pour les élévations et coupes. La loi que je me suis imposée, en un mot, c'est de rencontrer l'utilité pratique en négligeant ce qui n'est qu'embellissement.

L'ABBAYE D'ALTENBERG

EN WESTPHALIE

L'histoire de l'abbaye d'Altenberg peut, d'après les renseignements que nous avons recueillis, se résumer en peu de mots. En 1133, Éverard, comte de Berg, invita une communauté de religieux de Cîteaux à venir s'établir dans son château, situé sur la montagne. Ils n'y restèrent toutefois qu'une douzaine d'années, et, en 1145, ils étaient descendus jusqu'au pied de la montagne, sur les bords de la Dheen, où ils élevèrent une abbaye magnifique que des religieux du même ordre continuèrent à habiter jusqu'à la révolution, où elle subit le sort général des maisons religieuses. A cette époque, les bâtiments devinrent une fabrique de bleu de Prusse; mais, dévastés par un incendie, en 1815, ils n'ont plus été rebâtis depuis lors. Heureusement, l'église échappa à ce désastre, non sans dégâts toutefois; mais elle a été ultérieurement restaurée par les soins du gouvernement prussien.

Les comtes de Berg exercèrent sur l'abbaye un patronage plein de munificence, pendant le XII° et le XIII° siècle. Fidèles aux traditions de leur famille, à qui elle devait son origine, ils l'ont couverte de leur protection et ils avaient choisi son enceinte pour lieu de sépulture. — Un archevêque de Cologne, Bruno, après avoir résigné son siége en 1193, se retira dans cette sainte maison, où il mourut en 1200. Un autre archevêque y fut inhumé: c'est Théodoric de Heinsberg qui occupa le même siége, de 1208 à 1214. — C'était le beaufrère du comte de Berg, et il avait été, pendant sa vie, un grand bienfaiteur du couvent. Il est probable que ces prélats ont tous contribué à l'érection des bâtiments d'Altenberg, qui, malgré leur destruction, ne sont pas entièrement perdus pour nous, puisque Boisserée a pu les relever en 1809 et nous en laisser la plus grande partie dessinée.

Malheureusement, la résidence de l'abbé manque à la collection; mais nous pouvons, d'après cette autorité, donner les cloîtres, la salle du chapitre et le réfectoire. Ils sont trop remarquables pour ne pas trouver place dans notre ouvrage, et comme, en les comparant à ce qui reste des constructions, nous les avons trouvés assez fidèles, nous n'avons pas hésité à les reproduire. — Les cloîtres nous offrent la transition du plein-

2   L'ABBAYE D'ALTENBERG.

cintre à l'ogive, dans les arcs qui sont ronds à l'extérieur et en tiers-point à l'intérieur. — Les cloîtres, la salle du chapitre au-dessus du dortoir et du réfectoire, sont les modèles les plus exquis de l'architecture monastique à cette époque, et accusent, dans leur dessin, une main de maître. — C'est un exemple de tout ce qu'on mettait alors de beauté et d'habileté dans la construction des maisons religieuses. — Malheureusement, le tout est incomplet; mais, en rapprochant ce couvent de celui de Maulbronn, en les complétant l'un par l'autre, on se figurerait facilement, mieux que partout ailleurs, ce qu'était alors une maison religieuse.

De l'église.   Il ne reste plus rien de l'église primitive; mais, du temps de Boisserée, on voyait attenante aux logements du prieur, aujourd'hui détruits, une chapelle qu'on disait avoir appartenu à cette église. Il est à regretter qu'il ne nous ait conservé ni un dessin, ni une description quelconque de ce qu'elle était au moment de sa visite.

L'église actuelle fut bâtie, de 1255 à 1379, par les comtes de Berg. — On la dit l'œuvre de l'architecte qui a élevé la cathédrale de Cologne; mais, en ce cas, il faut convenir qu'il aura épuisé son génie et son habileté sur le grand monument. — A l'exception des réseaux des fenêtres, qui, par leur dessin, méritent notre attention, on chercherait en vain, à Altenberg, les traces de cet esprit magistral qui a conçu Cologne. Altenberg est plutôt l'œuvre d'une intelligence inférieure qui aura jalousé la gloire naissante de la cathédrale, et qui aura eu la triste ambition de comprimer la majesté de ce plan gigantesque dans une église dont les dimensions sont moindres d'environ la moitié. Toutes les moulures sont maigres, et, par contre, tous les membres ont l'air de faire partie d'une église de double grandeur.

Voici les planches que nous avons consacrées à ce monument.

DESCRIPTION DES PLANCHES.

PLANCHE 1. Plan général de l'église à.. 1 pour 500
Élévation du croisillon Nord avec une travée du chœur de la nef. — Façade de l'Ouest. — Travée intérieure du chœur et coupe transversale, le tout à.............. 1 — 300
Fig. 1. Profil, moulures de la fenêtre ou clair étage.—*Fig.* 2. Coupe des arcs-boutants. — *Fig.* 3. Socle des colonnes, nef.. 1 — 25

PLANCHE 2. *Fig.* 1 et 2. — Fenêtres, façades de l'Ouest. — *Fig.* 3. Fenêtre, croisillon Nord. — *Fig.* 4. Clair étage de la nef avec arcature du triforium. — *Fig.* 5. Fenêtres, chapelle de l'abside. — *Fig.* 6. *Ib.* Pignon de la croix, le tout à................... 1 — 100
Fig. 7. Profil, moulures, fenêtres, façade Ouest. — *Fig.* 8. *Ib.*, fenêtre de l'abside. — *Fig.* 9. *Ib.*, clair étage. — *Fig.* 10, 11, 12. Corniches et bandeau. *Fig.* 13 à 21. Archivoltes et nervures des voûtes. — *Fig.* 22. Profil des chambranles de la fenêtre au pignon du croisillon Nord. — *Fig.* 23. Profil pied droit, porte de l'Ouest. — *Fig.* 24. Croix de pignon, le tout.............................. 1 — 25

PLANCHE 3. Plan général des cloîtres et des bâtiments et dortoirs au 2e étage d'après Boisserée; A église, B sacristie, C salle de chapitre, D le cloître, E cave, F cuisine, H dortoir, I trésorerie... 1 — 500
Élévations et coupes sur *aa*, *bb*, de même................................. 1 — 300
Fig. 1, 2, 3, 4. Colonnes, chapiteaux, moulures des voûtes n,............ 1 — 25

PLANCHE 4. Élévations et coupes des bâtiments du couvent sur le même plan que ci-dessus mais à l'échelle de.. 1 — 100

PLANCHES 5, 6, 7. Choix de dessins en grisaille exécutés dans les vitraux de l'église........... 1 — 8

PLANCHE 8. Tombeau de Gérard et de Marguerite son épouse. — Plan du dessus. — Élévation latérale et de la face à.. 1 — 20
Divers coupes et profils des moulures à..................................... 1 — 10

MONOGRAPHIE

DE LA

CATHÉDRALE DE SAINT-ÉTIENNE

A AUXERRE

PAR M. THOMAS H. KING

ARCHITECTE A BRUGES

Avec Texte descriptif par GEORGE J. HILL. M. A.

17 PLANCHES GRAVÉES A L'EAU-FORTE SUR CUIVRE — (12 FR. 75)

EXTRAITES DE L'OUVRAGE INTITULÉ :

ÉTUDES PRATIQUES

TIRÉES

DE L'ARCHITECTURE DU MOYEN AGE

EN EUROPE

BRUGES

CHEZ L'AUTEUR, 30 RUE FONTAINE-DES-FRÈRES

LONDRES	**PARIS**
BELL & DALDY, LIBRAIRES	VICTOR DIDRON, LIBRAIRE
186 Fleet street	Rue St.-Dominique-St.-Germain, 23

Et chez tous les Libraires de France et de l'Étranger

1857

ÉTUDES PRATIQUES

TIRÉES DE

L'ARCHITECTURE DU MOYEN AGE

EN EUROPE

SÉRIES DE MONOGRAPHIES

DONT LES PLAN, COUPE, ÉLÉVATIONS ET DÉTAILS DE CHAQUE MONUMENT SONT DESSINÉS

A UNE MÊME ÉCHELLE

PAR

M. THOMAS H. KING

ARCHITECTE A BRUGES

Cet ouvrage offre, à ceux qui veulent étudier l'architecture gothique, des avantages qu'on chercherait vainement dans les autres publications du même genre, et qui consistent :

1° Dans l'abondance des matériaux qu'il fournit pour l'étude de l'art architectural du moyen âge : les deux premiers volumes seuls contiennent les dessins de cinquante églises, c'est-à-dire plus qu'aucun ouvrage n'en a jusqu'ici réunis dans son ensemble. Notre travail complet formera huit volumes dont chacun renfermera 100 planches, c'est-à-dire, en moyenne, l'illustration de vingt-cinq églises ;

2° Dans la scrupuleuse exactitude et le soin minutieux qui ont présidé à l'exécution des dessins : ils peuvent, sous ce rapport, soutenir la comparaison avec tous ceux qui ont paru jusqu'ici. Dans aucun cas je n'ai accepté les mesures et les données d'autrui ; tous les détails, plans, coupes, élévations, ont été mesurés expressément pour cet ouvrage, ou par moi-même, ou par des personnes investies de ma confiance et travaillant sous ma direction. Ce sont là de vraies garanties d'exactitude et d'authenticité ;

3° Dans l'ordre que j'ai adopté : l'uniformité des échelles permettra à l'amateur de saisir d'un seul coup d'œil les dimensions relatives des diverses églises. Jusqu'à présent voici quelle était la marche suivie : on dessinait une grande église sur une petite échelle, et une petite église sur une grande échelle, de sorte que chaque figure, plan ou élévation occupait à elle seule une planche entière. Il en résultait que la comparaison de deux monuments exigeait un effort de l'esprit, tandis que, d'après mon sytème, ce n'est plus qu'une affaire de simple observation. Dans la présente publication, les plans des monuments ont pour échelle uniforme 1-500 ; les coupes et élévations 1-300 ; et les moulures, 1-25. De sorte que la comparaison est facile entre plans et plans, élévations et élévations, moulures et moulures ;

4° Dans la modicité du prix : à l'exception de l'exactitude, j'ai tout sacrifié pour atteindre à ce résultat. Comme mon livre est, avant tout, un ouvrage d'utilité pratique, j'ai moins visé, dans mes gravures, à la finesse de l'exécution qu'à l'instruction du lecteur, combinée avec son intérêt pécuniaire. Il est, en effet, incontestable que, pour l'étude aussi bien que pour la pratique, un simple contour au trait est préférable au dessin le plus artistement ombré. D'ailleurs, le temps qu'eût exigé un travail d'une grande délicatesse n'aurait pu être abrégé que par le concours d'un grand nombre d'artistes qui, n'étant pas imbus de mes principes et de mes idées, n'auraient peut-être qu'imparfaitement compris et rendu mes intentions. La surveillance seule d'un travail exécuté dans de pareilles conditions aurait nécessairement amené des retards dans la publication. Voilà pourquoi j'ai préféré des eaux-fortes que j'ai pu faire exécuter sous mes yeux.

J'ai fait plus encore pour diminuer autant que possible le prix de l'ouvrage : j'ai restreint le nombre des planches pour chaque monument en utilisant tout le blanc du papier. De cette façon, avec moins de frais pour lui, l'acheteur trouvera dans une seule autant de matériaux qu'il en aurait trouvé dans plusieurs planches d'un ouvrage où tout aurait été sacrifié à l'apparence.

C'est pour le même motif que j'ai évité la répétition du même trait, quand un seul suffisait, pour les élévations et coupes. La loi que je me suis imposée, en un mot, c'est de rencontrer l'utilité pratique en négligeant ce qui n'est qu'embellissement.

PARIS. — IMPRIMERIE DE J. CLAYE, RUE SAINT-BENOIT, 7

AUXERRE

CATHÉDRALE DE SAINT-ÉTIENNE

C'est, depuis une époque très-ancienne, le siége d'un évêché. Les évêques de cette ville possédaient autrefois un domaine considérable, où ils exerçaient en même temps la juridiction spirituelle et l'autorité temporelle. Leur comté avait la même étendue que leur diocèse, et plusieurs laïques de haute noblesse reconnaissaient leur suzeraineté. Un magnifique témoignage de leur grandeur, c'est la cathédrale de Saint-Étienne, qu'ils ont fait ériger, et dont le chœur peut rivaliser avec ceux des monuments les plus célèbres de la France. {Son histoire}

L'église actuelle a succédé, sans doute, à une autre plus modeste, dont il ne reste aucune trace, si ce n'est la crypte qui certainement est antérieure, de plusieurs années, à l'église dont elle forme le souterrain ou soubassement. C'est une construction d'une solidité incomparable et qui date de 1035.

Le chœur qui la surmonte est le deuxième qui ait été érigé sur ces fondations; car nous lisons que le pape Calixte II a consacré l'église en 1119. La construction actuelle est des premières années du XIIIe siècle. C'est l'œuvre de Guillaume de Seignelay qui le fit construire en 1215, c'est-à-dire à la naissance de l'ogive, à l'époque où elle se montre dans son style le plus pur. Le croisillon nord est de 1426 environ, et la tour ne fut construite qu'en 1543. C'est donc là la partie la moins intéressante de cette église, ce qui ne m'a pas empêché de donner, planche 16, quelques fragments des sculptures du portail, et ils méritent, en effet, de fixer l'attention. {Le style du monument}

Les détails de l'ensemble du chœur, des bas-côtés et de la chapelle de la Vierge sont d'une beauté si exquise, et tellement dignes d'étude, au point de vue de nos idées, que j'ai cru nécessaire de sortir des bornes ordinaires, pour consacrer un nombre considérable de planches à la reproduction soignée de ces merveilles de l'art.

On peut dire de l'église de Saint-Étienne d'Auxerre que c'est un privilége de l'avoir vue et un devoir de l'étudier.

ÉGLISE DE SAINT-GERMAIN

L'église de Saint-Germain, dans la même ville, appartenait autrefois à un couvent bénédictin, dépendant de Cluny. Elle est aujourd'hui dans un état pitoyable : la nef est {Abbaye de Saint-Germain.}

détruite; le transept et le chœur, bâtis sur une crypte fort ancienne, sont devenus la chapelle d'un Hôtel-Dieu, qui se compose lui-même des bâtiments de l'ancien couvent.

La tour que nous donnons (celle du sud), qui fait partie de l'ancienne façade, est la partie la mieux conservée de ce monument : c'est aussi la seule qui offre de l'intérêt. Par suite de la démolition de la nef, elle est aujourd'hui isolée d'environ trente mètres du transept et du chœur de l'église. La flèche est tout à fait développée et c'est un des plus anciens exemples de l'amortissement des tours. Elle est de forme octogone, ayant à sa naissance les faces des points cardinaux surmontées de petits pignons, et les quatre autres faces, soutenues par des pinacles. La courbe que présente cette flèche est une autre circonstance singulière qu'il faut noter. Le tout est en pierres.

DESCRIPTION DES PLANCHES.

Saint-Étienne. PLANCHE 1. *Fig.* 1. Plan général, plan de la crypte sous le chœur, à l'échelle de............... 1 pour 500
Fig. 2. Coupe de la crypte... 1 — 300
Fig. 3. Coupe et élévation d'un pilier de la crypte. — *Fig.* 4. Couronnement et fleuron d'un contrefort du chœur. — *Fig.* 5. Corniches de la sacristie. — *Fig.* 6. Des bas-côtés du chœur... 1 — 25

PLANCHE 2. Coupe du chœur (vue perspective de la cathédrale)................... 1 — 300

PLANCHE 3. Élévation du chœur... 1 — 300
Coupe de la sacristie... 1 — 100
Détails de la colonne centrale et des voûtes....................... 1 — 10

PLANCHE 4. Coupe longitudinale du chœur............................. 1 — 300

PLANCHE 5. Coupe transversale et coupe longitudinale de la chapelle de la Vierge, et bas-côtés du chœur attenants... 1 — 100

PLANCHE 6. Vue de l'intérieur de la chapelle de la Vierge. — Moulures des piles de cette chapelle. — Profils des archivoltes et voûtes de la chapelle et bas-côté attenant. — Élévation des arcatures de la chapelle, et bas-côtés du chœur avec coupe verticale...... 1 — 25
Élévation d'une des colonnes à l'entrée de la chapelle, avec tailloir et socle............ 1 — 10

PLANCHES 7, 8, 9, 10. Chapiteaux et consoles provenant de l'arcature de la chapelle de la Vierge et des bas-côtés du chœur... 1 — 05

PLANCHES 11 et 12. Chapiteaux du chœur à................................... 1 — 10

PLANCHE 13. Consoles des colonnettes du chœur............................. 1 — 5
Profils, colonnettes et arcs de la voûte imposés..................... 1 — 25

PLANCHE 14. Profils des piles du chœur et des bas-côtés avec archivoltes et moulures des voûtes et du triforium... 1 — 25
Profils des socles des piles du chœur............................. 1 — 5

PLANCHE 15. *Fig.* 1. Piles de la croisée au Nord-Est avec ses archivoltes et moulures des voûtes. *Fig.* 2. Élévation du cordon sous les fenêtres à claire-voie du chœur, avec coupe verticale de l'allége.—*Fig.* 3. Profil des moulures sur les seuils et archivoltes des fenêtres, avec coupe verticale du triforium.—*Fig.* 4. Élévation et coupe du cheneau et balustrade avec fleuron............................. 1 — 25

PLANCHE 16. Sculptures des portails à la façade Ouest......................... 8 — 100

Saint-Germain. PLANCHE 17. Tour de l'église Saint-Germain en élévation................... 1 — 300
Une partie de la tour avec coupe verticale.—*Fig.* 1 et 2. Plans à trois étages de la tour. 1 — 100
Détails divers des jours... 1 — 25

MONOGRAPHIE

DE

L'ABBAYE CISTERCIENNE

DE MAULBRONN EN WURTEMBERG

PAR M. THOMAS H. KING

ARCHITECTE A BRUGES

Avec Texte descriptif par GEORGE J. HILL. M. A.

6 PLANCHES GRAVÉES A L'EAU-FORTE SUR CUIVRE — (4 FR. 50)

EXTRAITES DE L'OUVRAGE INTITULÉ :

ÉTUDES PRATIQUES

TIRÉES

DE L'ARCHITECTURE DU MOYEN AGE

EN EUROPE

---※---

BRUGES
CHEZ L'AUTEUR, 30 RUE FONTAINE-DES-FRÈRES

LONDRES	PARIS
BELL & DALDY, LIBRAIRES	VICTOR DIDRON, LIBRAIRE
186 Fleet street	Rue St.-Dominique-St.-Germain, 23

Et chez tous les Libraires de France et de l'Étranger

1857

ÉTUDES PRATIQUES

TIRÉES DE

L'ARCHITECTURE DU MOYEN AGE

EN EUROPE

SÉRIES DE MONOGRAPHIES

DONT LES PLAN, COUPE, ÉLÉVATIONS ET DÉTAILS DE CHAQUE MONUMENT SONT DESSINÉS

A UNE MÊME ÉCHELLE

PAR

M. THOMAS H. KING

ARCHITECTE A BRUGES

Cet ouvrage offre, à ceux qui veulent étudier l'architecture gothique, des avantages qu'on chercherait vainement dans les autres publications du même genre, et qui consistent :

1° Dans l'abondance des matériaux qu'il fournit pour l'étude de l'art architectural du moyen âge : les deux premiers volumes seuls contiennent les dessins de cinquante églises, c'est-à-dire plus qu'aucun ouvrage n'en a jusqu'ici réunis dans son ensemble. Notre travail complet formera huit volumes dont chacun renfermera 100 planches, c'est-à-dire, en moyenne, l'illustration de vingt-cinq églises ;

2° Dans la scrupuleuse exactitude et le soin minutieux qui ont présidé à l'exécution des dessins : ils peuvent, sous ce rapport, soutenir la comparaison avec tous ceux qui ont paru jusqu'ici. Dans aucun cas je n'ai accepté les mesures et les données d'autrui ; tous les détails, plans, coupes, élévations, ont été mesurés expressément pour cet ouvrage, ou par moi-même, ou par des personnes investies de ma confiance et travaillant sous ma direction. Ce sont là de vraies garanties d'exactitude et d'authenticité :

3° Dans l'ordre que j'ai adopté : l'uniformité des échelles permettra à l'amateur de saisir d'un seul coup d'œil les dimensions relatives des diverses églises. Jusqu'à présent voici quelle était la marche suivie : on dessinait une grande église sur une petite échelle, et une petite église sur une grande échelle, de sorte que chaque figure, plan ou élévation occupait à elle seule une planche entière. Il en résultait que la comparaison de deux monuments exigeait un effort de l'esprit, tandis que, d'après mon sytème, ce n'est plus qu'une affaire de simple observation. Dans la présente publication, les plans des monuments ont pour échelle uniforme 1-500 ; les coupes et élévations 1-300 ; et les moulures, 1-25. De sorte que la comparaison est facile entre plans et plans, élévations et élévations, moulures et moulures ;

4° Dans la modicité du prix : à l'exception de l'exactitude, j'ai tout sacrifié pour atteindre à ce résultat. Comme mon livre est, avant tout, un ouvrage d'utilité pratique, j'ai moins visé, dans mes gravures, à la finesse de l'exécution qu'à l'instruction du lecteur, combinée avec son intérêt pécuniaire. Il est, en effet, incontestable que, pour l'étude aussi bien que pour la pratique, un simple contour au trait est préférable au dessin le plus artistement ombré. D'ailleurs, le temps qu'eût exigé un travail d'une grande délicatesse n'aurait pu être abrégé que par le concours d'un grand nombre d'artistes qui, n'étant pas imbus de mes principes et de mes idées, n'auraient peut-être qu'imparfaitement compris et rendu mes intentions. La surveillance seule d'un travail exécuté dans de pareilles conditions aurait nécessairement amené des retards dans la publication. Voilà pourquoi j'ai préféré des eaux-fortes que j'ai pu faire exécuter sous mes yeux.

J'ai fait plus encore pour diminuer autant que possible le prix de l'ouvrage : j'ai restreint le nombre des planches pour chaque monument en utilisant tout le blanc du papier. De cette façon, avec moins de frais pour lui, l'acheteur trouvera dans une seule autant de matériaux qu'il en aurait trouvé dans plusieurs planches d'un ouvrage où tout aurait été sacrifié à l'apparence.

C'est pour le même motif que j'ai évité la répétition du même trait, quand un seul suffisait, pour les élévations et coupes. La loi que je me suis imposée, en un mot, c'est de rencontrer l'utilité pratique en négligeant ce qui n'est qu'embellissement.

L'ABBAYE CISTERCIENNE

DE MAULBRONN EN WURTEMBERG

L'abbaye cistercienne de Maulbronn, dans le Wurtemberg, peut être considérée comme remarquable; car, de tous ces vastes établissements qui sont dus à l'influence de saint Bernard, pendant le xiie et le xiiie siècle, c'est peut-être le plus parfaitement conservé de ceux qui sont parvenus jusqu'à nos jours. L'église, les cloîtres, le logement de l'abbé, le réfectoire et la plupart des bâtiments monastiques existent encore dans leur état primitif, et, ce qui a disparu, peut se retrouver à Altenberg, autre maison du même ordre, qui ressemblait beaucoup à Maulbronn, pour ses arrangements. Aussi, avec ce qui reste de ces deux établissements, il serait facile de reconstruire une abbaye cistercienne complète, telle qu'elle existait au moyen âge.

Mais, entre ces deux constructions, il y a pourtant cette différence, que Maulbronn a plus conservé qu'Altenberg le caractère de son état primitif, et qu'on peut mieux, par conséquent, y reconnaître les traces de l'influence de saint Bernard. Son architecture est plus simple et plus sévère, plus d'accord avec les principes énoncés par lui dans ce premier et célèbre chapitre qu'il tint, en 1119, avec dix abbés et H. Hugo, et où il institua les règles de Cîteaux.

On peut se faire une idée de ce système sévère, d'après les instructions qu'il donne pour les bâtiments, et notamment pour l'église. En voici quelques-unes :

L'église sera de la plus grande simplicité : point de sculpture ou de peinture. Les jours seront garnis de vitraux blancs, sans couleurs, sans croix ni ornements.

Les tours, qu'elles soient de bois ou de pierre, n'auront pas une grande élévation.

Il nous est impossible aujourd'hui de constater l'effet que pouvaient exercer sur l'architecture des règlements si sévères, quand ils étaient adoptés par un ordre aussi vite répandu et jouissant d'une aussi grande influence que celui de Cîteaux. Ajoutez à cela que ces instructions avaient spécialement pour but de contredire l'ordre de saint Benoît, dont les religieux, affiliés à Cluny, se distinguaient par l'art et le bon goût de leurs constructions religieuses.

(6 planches)   (44-49)

L'ABBAYE DE MAULBRONN.

Effet de ce règlement sur l'architecture du temps.

Quant à ce qui concerne proprement l'architecture, nous ferons observer qu'on touchait à l'époque où l'arc ogival avait été introduit. Cette sévérité de Cîteaux aura peut-être servi de frein au développement exagéré du luxe dans l'art. Elle lui aura été utile, sans doute, en lui conservant cet élément de dignité dont la disparition devait plus tard amener la décadence de l'architecture ogivale. D'ailleurs, on ne peut nier que ce ne soit au zèle et à l'habileté des Cisterciens que nous devons plusieurs des plus magnifiques ouvrages d'architecture qu'ait laissés le moyen âge. Cependant, saint Bernard était à peine dans la tombe, que ses disciples s'éloignaient déjà insensiblement de la simplicité rigoureusement enjointe par leur fondateur, au point que leurs dernières constructions peuvent rivaliser avec les maisons de tout autre ordre pour le luxe et la grandeur du dessin.

Le règlement qui concerne la construction des tours me semble seul n'être pas tombé en désuétude : et, en effet, parmi les tours élevées par cette société, je ne m'en rappelle pas une seule qui puisse convenablement porter ce nom. Peut-être, était-ce là tout particulièrement la marque de distinction entre cette société et celle des anciens Bénédictins. Cluny pouvait se vanter de posséder sept tours, et en cela le règlement fut strictement suivi. Mais, sous tous les autres rapports, et notamment quand il s'est agi de leur architecture domestique, les Cisterciens ont naturellement obéi successivement à l'esprit du temps, et non-seulement ils ont adopté les modifications introduites dans le style par le progrès de l'architecture, mais ils y ont introduit des perfectionnements, sans repousser les décors et les accessoires, bien qu'ils allassent directement contre l'esprit de leur règle.

Point d'exemple plus frappant de ces divers changements que Maulbronn. Autant les premiers bâtiments y sont simples et sévères, autant il y a de richesse et de luxe de sculpture dans les constructions qui suivirent. Comparez, par exemple, l'église primitive, qui date de 1178, avec les cloîtres, qui vinrent immédiatement après, et surtout avec le réfectoire, où semblent s'être réunis les traits les plus riches et les plus caractéristiques du style de l'époque, et vous vous convaincrez que les règles les plus absolues ne tenaient pas contre le luxe de l'art. Les constructions subséquentes accusent encore une plus grande richesse de détails. Cependant le plan de cette abbaye appartenait à une époque presque contemporaine de saint Bernard, et avait été calqué sur celui d'une autre abbaye construite directement sous ses inspirations. C'était là, pouvait-on supposer, un motif puissant de s'asservir plus strictement à ses instructions.

Mais, ce que peut réellement nous apprendre cette lutte des esprits, c'est que l'amour de l'art, du beau, fait partie de la nature la plus intime de l'homme, et que les lois les plus absolues dictées par les plus grands saints et étayées de tous leurs efforts, ne prévalent pas contre celles que le Créateur a imposées à son œuvre.

On peut croire que, abrité par un saint nom, le puritanisme de ces temps reculés faisait un essai prématuré d'exclure la pompe du culte religieux, et que, ne trouvant pas moyen de prendre racine, il expira presque aussitôt après qu'eut disparu l'influence personnelle du grand homme. On commença, en 1146-47, la construction de l'abbaye, et l'église, à l'exception du transept, était terminée en 1178. Les contre-signes de maçons, qu'on retrouve rarement avant le XIIIe siècle, sont visibles, à Maulbronn, dans cette partie des bâtisses. L'église ne fut voûtée qu'en 1424, et l'on fit, à cette époque, des additions très-considérables à toute l'abbaye ; aussi devint-elle un des établissements les plus complets de ce genre. Le parvis, à l'ouest de l'église, que j'ai désigné par la lettre B sur le plan général, fut érigé de 1215 à 1220. — La cave et le réfectoire, H, sont aussi du xiiie siècle; la salle du chapitre, K, avec sa chapelle, du xive. Le lavoir, G, et le logement du prieur datent du commencement du xve.

Planche 1.	Plan général à l'échelle de..	1 pour	500
	A, l'église. B, parvise. C, caves. D, magasin. E, cloître. F, réfectoire. G, lavoir. H, grange. I, parloir. K, salle de chapitre. L, logement du prieur................		
	Élévation de la façade Ouest de l'église à l'échelle de............................	1 —	300
Planche 2.	Coupe de la nef de l'église vers l'Est...	1 —	300
	Fig. 1. Élévation de la clôture du chœur, moitié intérieure, moitié extérieure.........	1 —	100
	Fig. 2. Coupe des moulures. — *Fig.* 3. Sa corniche intérieure et extérieure. — *Fig.* 4. Une partie des moulures en élévation. — *Fig.* 5. Corniche à modillons sur la façade Ouest. — *Fig.* 6. Colonne de l'église. — *Fig.* 7. Colonnes accouplées de la grange avec coupe..	1 —	25
Planche 3.	Élévation extérieure d'une travée du cloître au Sud. — Coupe de même. — Élévation à l'intérieur contre le mur de l'église...	1 —	100
	Fig. 1 et 2. Culs-de-lampe et naissance des arcs contre l'église en élévation et profil. — *Fig.* 3. Coupe des moulures de même. — *Fig.* 4. Colonnettes contre le mur extérieur en élévation. — *Fig.* 5. Coupe des moulures de ces colonnettes avec moulures des voûtes et de la fenêtre. — *Fig.* 6. Coupe verticale du seuil de la fenêtre...	1 à	25
Planche 4.	Élévation intérieure et coupe verticale d'une travée du parvis à l'Ouest de l'église......	1 —	100
	Coupe des moulures. — Élévation des bases et des chapiteaux de même.............	1 —	25
	Élévation intérieure d'une travée du cloître à l'angle de l'Ouest et du Sud............	1 —	100
	Coupe des moulures. — Archivoltes de même.................................	1 —	25
Planche 5.	Coupe transversale. — Coupe longitudinale. — Une travée du mur du réfectoire......	1 —	300
	Détails. — Chapiteaux, colonnes, socles en élévation et profil avec moulures de même..	1 —	25
Planche 6.	*Fig.* 1 et 2. Élévations des stalles du chœur. — Une partie du plan de même.........	1 —	25
	Fig. 3. Détails d'une colonnette...	1 —	8
	Fig. 4 et 5. Détails. — Dossier et corniche...................................	2 —	25

DESCRIPTION DES PLANCHES.

MONOGRAPHIE

DE L'ÉGLISE

OTRE-DAME A SEMUR EN AUXOIS

PAR M. THOMAS H. KING

ARCHITECTE A BRUGES

Avec Texte descriptif par GEORGE J. HILL. M. A.

7 PLANCHES GRAVÉES A L'EAU-FORTE SUR CUIVRE — (5 FR. 25)

EXTRAITES DE L'OUVRAGE INTITULÉ :

ÉTUDES PRATIQUES

TIRÉES

DE L'ARCHITECTURE DU MOYEN AGE

EN EUROPE

BRUGES

CHEZ L'AUTEUR, 30 RUE FONTAINE-DES-FRÈRES

LONDRES	PARIS
BELL & DALDY, LIBRAIRES	VICTOR DIDRON, LIBRAIRE
186 Fleet street	Rue St.-Dominique-St.-Germain, 23

Et chez tous les Libraires de France et de l'Étranger

1857

ÉTUDES PRATIQUES

TIRÉES DE

L'ARCHITECTURE DU MOYEN AGE

EN EUROPE

SÉRIES DE MONOGRAPHIES

DONT LES PLAN, COUPE, ÉLÉVATIONS ET DÉTAILS DE CHAQUE MONUMENT SONT DESSINÉS

A UNE MÊME ÉCHELLE

PAR

M. THOMAS H. KING

ARCHITECTE A BRUGES

Cet ouvrage offre, à ceux qui veulent étudier l'architecture gothique, des avantages qu'on chercherait vainement dans les autres publications du même genre, et qui consistent :

1° Dans l'abondance des matériaux qu'il fournit pour l'étude de l'art architectural du moyen âge : les deux premiers volumes seuls contiennent les dessins de cinquante églises, c'est-à-dire plus qu'aucun ouvrage n'en a jusqu'ici réunis dans son ensemble. Notre travail complet formera huit volumes dont chacun renfermera 100 planches, c'est-à-dire, en moyenne, l'illustration de vingt-cinq églises :

2° Dans la scrupuleuse exactitude et le soin minutieux qui ont présidé à l'exécution des dessins : ils peuvent, sous ce rapport, soutenir la comparaison avec tous ceux qui ont paru jusqu'ici. Dans aucun cas je n'ai accepté les mesures et les données d'autrui; tous les détails, plans, coupes, élévations, ont été mesurés expressément pour cet ouvrage, ou par moi-même, ou par des personnes investies de ma confiance et travaillant sous ma direction. Ce sont là de vraies garanties d'exactitude et d'authenticité;

3° Dans l'ordre que j'ai adopté : l'uniformité des échelles permettra à l'amateur de saisir d'un seul coup d'œil les dimensions relatives des diverses églises. Jusqu'à présent voici quelle était la marche suivie : on dessinait une grande église sur une petite échelle, et une petite église sur une grande échelle, de sorte que chaque figure, plan ou élévation occupait à elle seule une planche entière. Il en résultait que la comparaison de deux monuments exigeait un effort de l'esprit, tandis que, d'après mon sytème, ce n'est plus qu'une affaire de simple observation. Dans la présente publication, les plans des monuments ont pour échelle uniforme 1-500; les coupes et élévations 1-300; et les moulures, 1-25. De sorte que la comparaison est facile entre plans et plans, élévations et élévations, moulures et moulures;

4° Dans la modicité du prix : à l'exception de l'exactitude, j'ai tout sacrifié pour atteindre à ce résultat. Comme mon livre est, avant tout, un ouvrage d'utilité pratique, j'ai moins visé, dans mes gravures, à la finesse de l'exécution qu'à l'instruction du lecteur, combinée avec son intérêt pécuniaire. Il est, en effet, incontestable que, pour l'étude aussi bien que pour la pratique, un simple contour au trait est préférable au dessin le plus artistement ombré. D'ailleurs, le temps qu'eût exigé un travail d'une grande délicatesse n'aurait pu être abrégé que par le concours d'un grand nombre d'artistes qui, n'étant pas imbus de mes principes et de mes idées, n'auraient peut-être qu'imparfaitement compris et rendu mes intentions. La surveillance seule d'un travail exécuté dans de pareilles conditions aurait nécessairement amené des retards dans la publication. Voilà pourquoi j'ai préféré des eaux-fortes que j'ai pu faire exécuter sous mes yeux.

J'ai fait plus encore pour diminuer autant que possible le prix de l'ouvrage : j'ai restreint le nombre des planches pour chaque monument en utilisant tout le blanc du papier. De cette façon, avec moins de frais pour lui, l'acheteur trouvera dans une seule autant de matériaux qu'il en aurait trouvé dans plusieurs planches d'un ouvrage où tout aurait été sacrifié à l'apparence.

C'est pour le même motif que j'ai évité la répétition du même trait, quand un seul suffisait, pour les élévations et coupes. La loi que je me suis imposée, en un mot, c'est de rencontrer l'utilité pratique en négligeant ce qui n'est qu'embellissement.

SEMUR

ÉGLISE DE NOTRE-DAME

En 1065, Robert Ier, chef de la famille royale de Bourgogne, fondait une église à Semur, en expiation, dit-on, d'un meurtre qu'il avait commis. La construction de Robert ne tarda pas à céder sa place à une autre; mais on perpétua le souvenir de l'événement qui donna lieu à sa fondation, au moyen d'une sculpture en relief, placée dans le tympan de la porte qui se trouve au bras Nord de la croix de l'église. Les circonstances qui ont provoqué l'érection de cette nouvelle église ne nous sont pas connues; mais sa rare beauté suffit pour nous consoler de la disparition de l'ancienne, qui, sans aucun doute, était loin d'avoir la même grâce et la même élégance. — La nef et le chœur sont très-élevés, ce qui contribue à les faire paraître un peu étroits. Les chapelles de l'abside se raccordent admirablement aux bas-côtés, comme on peut le voir dans le plan, et donnent au chœur un caractère de distinction très-remarquable. Les divers détails d'architecture, moulures, corniches, chapiteaux, bandeaux, sont dessinés et exécutés avec un soin et un goût exquis. Malheureusement, de toutes ces merveilles de sculpture, il en est bien peu qui aient échappé au marteau révolutionnaire et dont on puisse donner un spécimen parfait; mais on verra, dans les livraisons subséquentes, des exemples délicieux de feuillages traités à cette époque. Ce monument semble avoir été exécuté avec un grand luxe, et il nous offre l'exemple d'une construction irréprochable sous le rapport de la science, comme sous le rapport de l'élégance et de la grâce de l'ornementation.

La tour centrale, avec sa flèche et toute la façade d'Ouest, sont d'un style et d'un mérite bien inférieurs. Toute l'église est en voie de restauration, et les travaux sont habilement dirigés par M. Viollet-Leduc de Paris.

Histoire.

PLANCHE 1.	Plan général. — Plan de la tour à	1 pour 500	DESCRIPTION DES PLANCHES.
	Coupe de la nef. — Coupe du croisillon Nord. — Coupe du chœur vers l'Ouest. — Coupe à travers la croix vers l'Est à	1 — 300	
PLANCHE 2.	Élévation extérieure du Nord du chœur. — Coupe longitudinale du même	1 — 300	
	Appareil de sonnerie accroché à la colonne du chœur, en élévation et profil	1 — 5	
	Vue perspective de l'église.		

(7 planches.)   (50-56)

SEMUR.

Planche 3.	Fig. 1-2. Vue perspective de l'encorbellement des cheneaux au-dessus des contre-forts des bas-côtés. — Fig. 3-4-5. Élévation et profil des corniches cheneaux des bas-côtés du chœur — de la nef — et du chœur. — Fig. 6. Pile Nord-Ouest de la croisée. — Fig. 7. Pile de la nef et des bas côtés. — Fig. 8. *Idem* au triforium. — Fig. 9. *Idem* au clair étage. — Tous avec moulures des archivoltes et voûtes imposées et à........................	1 —	25
Planche 4.	Coupe des bas-côtés au Nord de la nef...	1 —	100
	Détail d'une travée du chœur (au Nord), avec bandeaux, coupes de la pile et archivoltes, chambranles des fenêtres des chapelles en élévation. — Coupe et profil à.....	1 —	25
Planche 5.	Tympan du portail Nord en élévation à..	1 —	25

Une perspective de l'église.

Tympan de la porte du transept.

Les sculptures du tympan de ce portail représentent le meurtre de Dalmace, seigneur de Semur, par Robert de Bourgogne, qui avait épousé Hélie, la fille de Dalmace.

Le meurtre eut lieu dans un banquet, figuré au côté droit et à la partie inférieure du tympan : Robert y est représenté offrant à son beau-père le breuvage empoisonné. On ignore si la figure, à tête renversée, représente la victime en proie aux effets du poison, ou si ce sont les gestes d'un de ces jongleurs qui ordinairement accompagnaient les seigneurs de cette époque. La perfidie de l'acte est figurée par un chien qui se sauve, portant à la bouche le gant, symbole de la bonne foi. Les trois personnages debout représentent le remords de Robert ; il frappe sa poitrine et accueille, d'un côté, les conseils d'un moine, et de l'autre ceux de son aumônier.

Puis viennent les aumônes de Robert pour l'expiation de son crime et l'affliction de Hélie, qui pleure, dans son château, la mort de son père. A l'extérieur du château, Robert reçoit les exhortations des prêtres.

La partie supérieure le représente allant à Rome et revenant avec l'absolution du Saint-Père. — A la suite vient l'érection de l'église.

Au-dessus, Notre-Seigneur reçoit l'encens des anges.

Dans l'archivolte, on voit une série de douze sujets représentant les douze mois de l'année : 1° Banquet du nouvel an ; — 2° On se chauffe au foyer ; — 3° Les oiseaux commencent leurs nids ; — 4° Taille des vignes ; — 5° Départ pour la campagne ; — 6° Ensemencements ; — 7° Récolte ; — 8° Battage des grains ; — 9° Vendange ; — 10° Fabrication du vin ; — 11° Le cochon tué pour l'hiver ; — 12° Fermeture de la porte.

On nomme ce portail, *la porte aux blés*. Pourquoi ? C'est ce que je n'ai pu m'expliquer, si ce n'est par la description des mois, telle que je viens de la donner.

Planche 6.	Piscine des chapelles du chœur en élévation et coupe verticale. — Fig. 1-2-3. Plan de la couronne, 1/2 plan du bassin, 1/2 plan du rayon à....................	1 pour	10
Planche 7.	Piscine d'une autre chapelle du chœur. — Fig. 1-2-3. Comme l'autre à.............	1 —	10

PARIS. — IMPRIMERIE DE J. CLAYE, RUE SAINT-BENOIT, 7.

MONOGRAPHIE

DE

L'ÉGLISE NOTRE-DAME A DIJON

PAR M. THOMAS H. KING
ARCHITECTE A BRUGES

Avec Texte descriptif par GEORGE J. HILL. M. A.

8 PLANCHES GRAVÉES A L'EAU-FORTE SUR CUIVRE — (6 FR.)

EXTRAITES DE L'OUVRAGE INTITULÉ :

ÉTUDES PRATIQUES

TIRÉES

DE L'ARCHITECTURE DU MOYEN AGE

EN EUROPE

BRUGES
CHEZ L'AUTEUR, 30 RUE FONTAINE-DES-FRÈRES

LONDRES	PARIS
BELL & DALDY, LIBRAIRES	VICTOR DIDRON, LIBRAIRE
186 Fleet street	Rue St.-Dominique-St.-Germain, 23

Et chez tous les Libraires de France et de l'Étranger

1857

ÉTUDES PRATIQUES

TIRÉES DE

L'ARCHITECTURE DU MOYEN AGE

EN EUROPE

SÉRIES DE MONOGRAPHIES

DONT LES PLAN, COUPE, ÉLÉVATIONS ET DÉTAILS DE CHAQUE MONUMENT SONT DESSINÉS

A UNE MÊME ÉCHELLE

PAR

M. THOMAS H. KING

ARCHITECTE A BRUGES

Cet ouvrage offre, à ceux qui veulent étudier l'architecture gothique, des avantages qu'on chercherait vainement dans les autres publications du même genre, et qui consistent :

1° Dans l'abondance des matériaux qu'il fournit pour l'étude de l'art architectural du moyen âge : les deux premiers volumes seuls contiennent les dessins de cinquante églises, c'est-à-dire plus qu'aucun ouvrage n'en a jusqu'ici réunis dans son ensemble. Notre travail complet formera huit volumes dont chacun renfermera 100 planches, c'est-à-dire, en moyenne, l'illustration de vingt-cinq églises;

2° Dans la scrupuleuse exactitude et le soin minutieux qui ont présidé à l'exécution des dessins : ils peuvent, sous ce rapport, soutenir la comparaison avec tous ceux qui ont paru jusqu'ici. Dans aucun cas je n'ai accepté les mesures et les données d'autrui; tous les détails, plans, coupes, élévations, ont été mesurés expressément pour cet ouvrage, ou par moi-même, ou par des personnes investies de ma confiance et travaillant sous ma direction. Ce sont là de vraies garanties d'exactitude et d'authenticité;

3° Dans l'ordre que j'ai adopté : l'uniformité des échelles permettra à l'amateur de saisir d'un seul coup d'œil les dimensions relatives des diverses églises. Jusqu'à présent voici quelle était la marche suivie : on dessinait une grande église sur une petite échelle, et une petite église sur une grande échelle, de sorte que chaque figure, plan ou élévation occupait à elle seule une planche entière. Il en résultait que la comparaison de deux monuments exigeait un effort de l'esprit, tandis que, d'après mon sytème, ce n'est plus qu'une affaire de simple observation. Dans la présente publication, les plans des monuments ont pour échelle uniforme 1-500; les coupes et élévations 1-300; et les moulures, 1-25. De sorte que la comparaison est facile entre plans et plans, élévations et élévations, moulures et moulures;

4° Dans la modicité du prix : à l'exception de l'exactitude, j'ai tout sacrifié pour atteindre à ce résultat. Comme mon livre est, avant tout, un ouvrage d'utilité pratique, j'ai moins visé, dans mes gravures, à la finesse de l'exécution qu'à l'instruction du lecteur, combinée avec son intérêt pécuniaire. Il est, en effet, incontestable que, pour l'étude aussi bien que pour la pratique, un simple contour au trait est préférable au dessin le plus artistement ombré. D'ailleurs, le temps qu'eût exigé un travail d'une grande délicatesse n'aurait pu être abrégé que par le concours d'un grand nombre d'artistes qui, n'étant pas imbus de mes principes et de mes idées, n'auraient peut-être qu'imparfaitement compris et rendu mes intentions. La surveillance seule d'un travail exécuté dans de pareilles conditions aurait nécessairement amené des retards dans la publication. Voilà pourquoi j'ai préféré des eaux-fortes que j'ai pu faire exécuter sous mes yeux.

J'ai fait plus encore pour diminuer autant que possible le prix de l'ouvrage : j'ai restreint le nombre des planches pour chaque monument en utilisant tout le blanc du papier. De cette façon, avec moins de frais pour lui, l'acheteur trouvera dans une seule, autant de matériaux qu'il en aurait trouvé dans plusieurs planches d'un ouvrage où tout aurait été sacrifié à l'apparence.

C'est pour le même motif que j'ai évité la répétition du même trait, quand un seul suffisait, pour les élévations et coupes. La loi que je me suis imposée, en un mot, c'est de rencontrer l'utilité pratique en négligeant ce qui n'est qu'embellissement.

L'ÉGLISE DE NOTRE-DAME

A DIJON

Cette église mérite l'attention particulière de tous ceux qui aspirent à la connaissance du système architectural suivi dans la construction de nos monuments religieux du moyen âge. Elle forme, avec Notre-Dame de Semur, un spécimen complet de l'architecture française à cette époque.

Son style.

C'est en France, et avant de se répandre ailleurs, que l'architecture ogivale a déployé toutes les grâces du style le plus délicieux, et Notre-Dame de Dijon en est un exemple frappant de perfection. Elle fut commencée en 1252, pour être terminée en 1354, de sorte que nous y voyons tous les progrès du style dans son âge le plus glorieux. L'église de Dijon a plus retenu que Semur du caractère primitif de son style, relativement à l'époque de leur construction : elle est plus simple dans son plan ; mais les deux édifices doivent être étudiés simultanément. Une particularité frappante à Dijon, c'est le parvis ou porche de l'Ouest ; comme à Vézelay, c'est une autre église complète. Parmi tant de théories qui, à notre époque, ont voulu expliquer l'usage de ces constructions, on trouve bien peu de données satisfaisantes.

Porche Ouest.

Elles se retrouvent dans plusieurs églises et dans tous les pays. Ce que nous voyons le plus souvent dans les auteurs, c'est qu'elles servaient d'églises aux pénitents et aux personnes excommuniées à qui l'entrée de l'édifice sacré était interdite, et qu'ils y assistaient aux offices, séparés du troupeau des fidèles ; mais cette opinion ne me paraît pas étayée de preuves bien solides.

La seule raison que l'on allègue, c'est que tous les porches avaient cette destination ; mais immédiatement se présente cette question : pourquoi donc à Cluny, à Vézelay, et à Notre-Dame de Dijon éleva-t-on, pour ceux à qui l'entrée de l'église était interdite, une sorte de monuments distincts de la plus grande magnificence.

A Dijon, ce porche occupe toute la façade Ouest ; et la façade se compose de trois étages, dont les deux supérieurs sont formés de galeries offrant à l'extérieur des arcatures du dessin le plus délicat et le plus exquis, et dont les sculptures étaient jadis d'une rare beauté.

(8 planches)   (57-64)

L'ÉGLISE NOTRE-DAME A DIJON.

Le rez-de-chaussée forme un vaste vestibule, qui donne accès à l'église. Des piliers faisant suite à ceux de la nef divisent ce vestibule en trois parties correspondant à la nef et aux bas-côtés; la division centrale, également voûtée à la hauteur des bas-côtés, se trouve ainsi divisée en deux étages dont le plus haut forme une vaste salle qui communique, par une grande arche, avec la nef de l'église. Un escalier à vis, pratiqué dans l'une des piles du vestibule, donne accès à cette salle.

Comme correspondance à ces trois divisions, se trouvent au rez-de-chaussée les trois portes de l'église. Autrefois les archivoltes et les chambranles de ces portes étaient ornés de figures; mais le vandalisme révolutionnaire et celui des badigeonneurs a tout détruit, et l'on ne voit plus aujourd'hui que des restes de dais et de consoles.

Horloge curieuse. — L'horloge qui surmonte la tourelle au Sud-Ouest se trouvait originairement à Coutrai, en Belgique, d'où elle a été enlevée en 1382 par Philippe le Hardi, qui lui donna sa place actuelle.

C'est une pièce fort curieuse de mécanique. Les heures y sont sonnées par deux figures sur une cloche suspendue dans une cage de fer.

On a donné à cette horloge le nom de Jaquemart, soit pour perpétuer le nom de son inventeur, soit pour désigner la jaque ou jaquette de maille, espèce d'armure défensive que les sentinelles portaient autrefois, quand elles étaient de garde aux tourelles.

Ce qui est plus probable, c'est que cette désignation provenait de la personnification que l'on faisait de l'horloge, entourée qu'elle était d'une cage en fer où l'on voulait bien voir de la ressemblance avec les mailles en usage à cette époque. Jaquemart aurait alors signifié : Jacque en maille.

Changeret de Dijon, vigneron-poëte, qui vivait au XVIe siècle, a fait, en quelques lignes, l'éloge de Jaquemart. Les voici :

> Jacquemar de rien ne s'étonne
> Le froid de l'ivar, de l'autonne,
> Le chau de l'étai, du printan,
> Ne l'on su rendre maucontan.
> Qu'aie pleuve, qu'ai noge, qu'ai grole
> El è sai tête dans sai caule
> Et lé deu pié dans sé saulai,
> Ai ne vlu pa soti de l'ai.

Cathédrale. — La cathédrale de Dijon n'offre rien de remarquable dans son architecture, ni dans les objets qu'elle renferme.

Tombeau de Philippe Pot. — Mais, dans un jardin privé de la ville existe un tombeau curieux dont nous devons au moins faire mention. Il fut élevé en mémoire de Philippe Pot, grand sénéchal de Bourgogne, qui mourut à Cîteaux en 1494, et c'est de là que le tombeau fut apporté à Dijon. Le chevalier est représenté sur une civière portée par des pleureurs. Cette idée a été bien des fois exploitée dans des temps plus récents; mais la reproduction en était assez rare à l'époque dont nous parlons, pour être mentionnée.

Tombeaux des ducs de Bourgogne. — Les tombeaux des ducs de Bourgogne qu'on trouve à Dijon mériteraient, sous le rapport de l'art et de l'exécution, de trouver une place dans nos pages; mais, nous nous sommes imposé la loi de nous borner aux choses pratiques, et, sous ce rapport, ils ne répondent pas à nos espérances. Nous les négligeons avec d'autant moins de regret, que nous donnerons celui de Marie de Bourgogne qui se trouve dans l'église de Notre-Dame à Bruges, et que l'on peut considérer comme un ouvrage unique dans son genre.

Même observation pour les retables en bois et divers objets conservés au musée de Dijon. On trouvera ailleurs, dans notre livre, des spécimens d'une autre valeur.

<small>Retables en bois.</small>

<small>DESCRIPTION DES PLANCHES.</small>

PLANCHE 1.	Plan général, une partie du plan à l'angle Ouest, au deuxième étage et plan de la lanterne à la croisée, à l'échelle de..	1 pour	500
	Coupe transversale de la nef vers l'Ouest, *ib.* du transept vers l'Est, *ib.* du chœur vers l'Ouest..	1 —	300
PLANCHE 2.	Coupe longitudinale et coupe transversale du parvis vers l'Est. — Élévation latérale du côté Nord. — Élévation de la façade Ouest............................	1 —	300
PLANCHE 3.	Travées de la nef et du chœur et coupe verticale des murs, à l'échelle de............	1 —	100
PLANCHE 4.	Détails en élévation et profil de la travée du chœur. — *Fig.* 1. Au rez-de-chaussée. — *Fig.* 2. Au triforium, avec divers plans, tous à l'échelle de................	1 —	25
PLANCHE 5.	Profils des piles au transept de la nef et des bas-côtés Nord; avec moulures des archivoltes et voûtes, à l'échelle de...	1 —	25
PLANCHE 6.	Chapiteaux choisis de l'arcature basse du chœur, à l'échelle de....................	1 —	5
PLANCHE 7.	Une partie du vitrail circulaire, fenêtre du transept Nord, avec coupe de ses moulures et détails des armatures en fer. — Une partie de l'arcature de la façade Ouest en élévation et la coupe verticale et plan de même, tous à l'échelle de.........	1 —	25
PLANCHE 8.	Coupe longitudinale du parvis Ouest, à l'échelle de.............................	1 —	100
	Fig. 1. Pignon et tourelle du croisillon Nord. — *Fig.* 2. Corniche en élévation et profil. — *Fig.* 3. Un panneau des sculptures de la façade Ouest. — *Fig.* 4. Élévation et moulures des colonnettes du portail Ouest. — *Fig.* 5. Coupe du triforium, du clair étage et des voûtes supérieures du parvis, à l'échelle de.............	1 —	25

MONOGRAPHIE

DE

LA CATHÉDRALE DE SÉEZ

EN NORMANDIE

PAR M. THOMAS H. KING

ARCHITECTE A BRUGES

Avec Texte descriptif par GEORGE J. HILL. M. A.

10 PLANCHES GRAVÉES A L'EAU-FORTE SUR CUIVRE — (7 FR. 50)

EXTRAITES DE L'OUVRAGE INTITULÉ :

ÉTUDES PRATIQUES

TIRÉES

DE L'ARCHITECTURE DU MOYEN AGE

EN EUROPE

BRUGES

CHEZ L'AUTEUR, 50 RUE FONTAINE-DES-FRÈRES

LONDRES	PARIS
BELL & DALDY, LIBRAIRES	VICTOR DIDRON, LIBRAIRE
186 Fleet street	Rue St.-Dominique-St.-Germain, 25

Et chez tous les Libraires de France et de l'Étranger

1857

ÉTUDES PRATIQUES

TIRÉES DE

L'ARCHITECTURE DU MOYEN AGE

EN EUROPE

SÉRIES DE MONOGRAPHIES

DONT LES PLAN, COUPE, ÉLÉVATIONS ET DÉTAILS DE CHAQUE MONUMENT SONT DESSINÉS

A UNE MÊME ÉCHELLE

PAR

M. THOMAS H. KING

ARCHITECTE A BRUGES

Cet ouvrage offre, à ceux qui veulent étudier l'architecture gothique, des avantages qu'on chercherait vainement dans les autres publications du même genre, et qui consistent :

1° Dans l'abondance des matériaux qu'il fournit pour l'étude de l'art architectural du moyen âge : les deux premiers volumes seuls contiennent les dessins de cinquante églises, c'est-à-dire plus qu'aucun ouvrage n'en a jusqu'ici réunis dans son ensemble. Notre travail complet formera huit volumes dont chacun renfermera 100 planches, c'est-à-dire, en moyenne, l'illustration de vingt-cinq églises;

2° Dans la scrupuleuse exactitude et le soin minutieux qui ont présidé à l'exécution des dessins : ils peuvent, sous ce rapport, soutenir la comparaison avec tous ceux qui ont paru jusqu'ici. Dans aucun cas je n'ai accepté les mesures et les données d'autrui; tous les détails, plans, coupes, élévations, ont été mesurés expressément pour cet ouvrage, ou par moi-même, ou par des personnes investies de ma confiance et travaillant sous ma direction. Ce sont là de vraies garanties d'exactitude et d'authenticité;

3° Dans l'ordre que j'ai adopté : l'uniformité des échelles permettra à l'amateur de saisir d'un seul coup d'œil les dimensions relatives des diverses églises. Jusqu'à présent voici quelle était la marche suivie : on dessinait une grande église sur une petite échelle, et une petite église sur une grande échelle, de sorte que chaque figure, plan ou élévation occupait à elle seule une planche entière. Il en résultait que la comparaison de deux monuments exigeait un effort de l'esprit, tandis que, d'après mon sytème, ce n'est plus qu'une affaire de simple observation. Dans la présente publication, les plans des monuments ont pour échelle uniforme 1-500; les coupes et élévations 1-300; et les moulures, 1-25. De sorte que la comparaison est facile entre plans et plans, élévations et élévations, moulures et moulures;

4° Dans la modicité du prix : à l'exception de l'exactitude, j'ai tout sacrifié pour atteindre à ce résultat. Comme mon livre est, avant tout, un ouvrage d'utilité pratique, j'ai moins visé, dans mes gravures, à la finesse de l'exécution qu'à l'instruction du lecteur, combinée avec son intérêt pécuniaire. Il est, en effet, incontestable que, pour l'étude aussi bien que pour la pratique, un simple contour au trait est préférable au dessin le plus artistement ombré. D'ailleurs, le temps qu'eût exigé un travail d'une grande délicatesse n'aurait pu être abrégé que par le concours d'un grand nombre d'artistes qui, n'étant pas imbus de mes principes et de mes idées, n'auraient peut-être qu'imparfaitement compris et rendu mes intentions. La surveillance seule d'un travail exécuté dans de pareilles conditions aurait nécessairement amené des retards dans la publication. Voilà pourquoi j'ai préféré des eaux-fortes que j'ai pu faire exécuter sous mes yeux.

J'ai fait plus encore pour diminuer autant que possible le prix de l'ouvrage : j'ai restreint le nombre des planches pour chaque monument en utilisant tout le blanc du papier. De cette façon, avec moins de frais pour lui, l'acheteur trouvera dans une seule autant de matériaux qu'il en aurait trouvé dans plusieurs planches d'un ouvrage où tout aurait été sacrifié à l'apparence.

C'est pour le même motif que j'ai évité la répétition du même trait, quand un seul suffisait, pour les élévations et coupes. La loi que je me suis imposée, en un mot, c'est de rencontrer l'utilité pratique en négligeant ce qui n'est qu'embellissement.

EXTRAIT DU RÈGLEME[NT]

APPROUVÉ

PAR M. LE MINISTRE DE L'INSTRUCTIO[N]

le 27 Mai 1921

Art 65. La salle de travail du [Département] des Manuscrits est ouverte aux pers[on]nies de cartes, de 9 heures à 4 heure[s] et demie et 5 heures. Les demandes [de commu]nication n'y sont plus admises une h[eure avant] la fermeture.

Art. 73. Il est interdit aux travaill[eurs de] porter à leur place les ouvrages qu[i, par leur] nature, doivent rester constamment [à la dis]position de tous, tels que les biblio[graphies,] les catalogues.

Art. 74. Il leur est également i[nterdit de] prendre les livres ou objets dépos[és aux] bureaux ou communiqués à d'autres tra[vailleurs].

CATHÉDRALE DE SAINT-SERVAIS

A SÉEZ

Séez était, sous les Romains, une ville d'une grande importance, et, d'après la tradition, la cathédrale s'élève sur l'emplacement d'un ancien temple païen. Une première église y fut érigée par saint Liévin, qui prêcha l'évangile au v° siècle, et elle resta debout jusqu'en 990 environ, époque où elle fut remplacée par une autre qu'un incendie détruisit bientôt après sa construction. En 1053, Ives de Bellême jeta sur les ruines de celle-ci les fondements d'une église d'une grande magnificence. Désireux de voir terminer ce monument, il eut recours à la générosité des princes Normands établis dans la Pouille; mais, malgré son zèle, l'église était peu avancée, quand il mourut en 1070. Il y fut enterré dans le chœur. Quant à l'église, elle ne fut consacrée qu'en 1126. Cependant, la cathédrale que nous voyons aujourd'hui ne peut être antérieure au xiii° siècle, et c'est la quatrième, sans doute, qui a été érigée, sur ce terrain, pour le culte chrétien.

Le style ogival ayant subi partout l'influence des localités où il se développait, il n'est pas à supposer que, lorsque les Normands empruntaient l'architecture d'un peuple voisin, plus ancien qu'eux, leur génie éminemment constructeur ne la modifiât de manière à lui donner un cachet particulier.

Séez en est un exemple frappant.

Voyons d'abord la nef, qui date du commencement du xiii° siècle. Cette partie de l'édifice appartient, pour le caractère, à un style essentiellement normand. Mais, à mesure que les travaux avancent pour finir avec le chœur, on reconnaît distinctement l'influence du style français, qui, à cette époque, était bien supérieur à celui qu'avaient adopté les Normands, au commencement de leurs travaux.

C'est parce que ce progrès y est tout particulièrement sensible, que j'ai choisi Séez, comme premier spécimen de ce que je compte publier sur la Normandie.

La cathédrale de Séez figure comme église de second ordre parmi les édifices diocésains de la France. C'est un de ces monuments élevés à l'époque, où, dans de pauvres diocèses, le clergé séculier cherchait, au moins, par l'importance de ses cathédrales, à contre-balancer la richesse et le pouvoir des abbayes, qui disposaient de ressources bien plus considérables. C'était un effort suprême pour frapper les yeux avec le moins de dépenses possible.

C'est dans les fondations que l'architecte a cherché d'abord l'économie. Ces fondations sont mauvaises, ou plutôt il n'y en a pas et l'édifice s'en ressent au point que les expédients les plus ingénieux employés après coup n'ont pu y remédier. La nef même, quelque solide qu'elle paraisse, a dû être reconstruite 50 ou 60 ans seulement après son érection.

Le transept conserve encore les traces de l'influence romane, en ce que, vers l'Est de chaque croisillon, il est garni d'une chapelle.

La même particularité se retrouve à Rouen, à Bayeux, au Mans, à Coutances, et paraît s'être maintenue dans cette province et en Angleterre avec plus de ténacité que partout ailleurs.

Dans la nouvelle église, le chœur et la chapelle de l'abside, terminés en 1230 environ, étaient à peine achevés, qu'ils furent dévastés par un incendie et l'on dut, en 1260, reprendre la construction de fond en comble. Il fut, toutefois, possible de conserver la chapelle de la Vierge, qui date, par conséquent, de 1230. On peut observer que, eu égard à l'époque de sa construction, cette chapelle témoigne déjà d'un grand développement dans le style ; ce qu'il faut signaler surtout, c'est sa longueur, dont il y a peu d'autres exemples à cette époque, et l'idée peut en avoir été inspirée par la cathédrale du Mans, dont le chœur et les chapelles avaient été reconstruits, bien peu de temps auparavant, sur une échelle de grande magnificence.

L'architecte de cette restauration, réduit à employer les vieilles fondations, fut obligé, pour assurer l'ouvrage, de mettre une extrême légèreté dans la construction.

Aussi, à ce point de vue, le chœur de Séez mérite une attention spéciale, et l'on peut dire que l'habileté dont le constructeur a fait preuve a été couronnée d'un plein succès.

Les chapelles, qui rayonnent autour du chœur à chaque angle de l'abside, offraient, grâce à leur grande saillie, l'occasion de combiner la légèreté de la construction avec la solidité de cette partie de l'édifice.

Mais les murs du sanctuaire sont d'une légèreté que nous appellerons téméraire, et qui dépasse tout ce que l'on avait conçu jusqu'alors dans le même genre. Nous ajouterons que la combinaison des colonnettes et des arcatures à jour y est des plus ingénieuses.

Cependant la faiblesse des fondations était un défaut capital que rien ne pouvait faire disparaître, et vers la fin du XIV° siècle, on trouva nécessaire de consolider l'ouvrage par les contreforts du chœur.

Mais, toutes ces additions, qui reposaient elles-mêmes sur des fondations insuffisantes, ne faisaient qu'ajouter, par leur poids, à la dégradation de la légère construction du XIII° siècle. Aussi, depuis ce moment, elle ne fit que se lézarder de plus en plus, jusqu'au commencement de ce siècle, où les voûtes du sanctuaire s'écroulèrent et firent place à un plafond en plâtre et en bois.

La façade de la cathédrale de Séez est couronnée par deux flèches élevées au XIII°

siècle, mais restaurées et continuées dans le xive et le xve. Ce sont des spécimens très-élégants d'une particularité architecturale, pour laquelle la Normandie jouit d'une admiration méritée. Nulle part, en effet, ce trait saillant de l'architecture chrétienne n'a reçu un développement aussi élégant et aussi caractéristique que parmi les infatigables constructeurs de ce pays.

Les flèches de Séez sont fort gracieuses, et d'excellents modèles du genre, quoiqu'on puisse justement leur reprocher d'avoir, par la multitude de leurs détails à jour, perdu quelque peu du vrai caractère de la flèche.

L'état de cette église est déplorable : les tours de la façade, la nef, enfin, tout le monument s'est affaissé d'une manière alarmante, par suite de la témérité qui a présidé à la construction, et je crains bien que les restaurations, entreprises depuis quelques années et continuées jusqu'à ce jour, ne puissent remédier qu'imparfaitement à un mal incurable.

PLANCHE 1.	Plan de l'église..	1	à	300
	Coupe transversale. — Élévation intérieure et extérieure d'une travée de la nef........	1	à	300
	Fig. 1, 2, 3, 4. Détails. — Corniches et balustrade en élévation et coupe verticale. — Détails du contrefort et coupe de l'arc-boutant à.................................	1	—	25
PLANCHE 2.	Élévation intérieure d'une travée de la nef au Nord et coupe des bas-côtés........	1	—	100
PLANCHE 3.	Élévation intérieure et extérieure d'une travée au Sud de la nef...................	1	—	100
PLANCHE 4.	Fig. 1. Profil des moulures d'une colonne de la nef avec pile des bas-côtés. — Moulures des retombées des archivoltes et voûtes imposées. — Fig. 2. Id. Pour le triforium. — Fig. 3. Id. au clair étage. — Fig. 4. Bandeau. — Fig. 5. Tympan des archivoltes de la nef..	1	à	25
PLANCHE 5.	Élévation de la façade Ouest..	1	—	300
	L'une des flèches...	1	—	100
	Profils des diverses moulures dans la façade et dans la flèche.....................	1	—	25
	Un crochet et les ardoises taillées dans la flèche................................	1	—	10
PLANCHE 6.	Fig. 1 et 2. Travées avec fenêtres de la chapelle de la Vierge. — Fig. 3 et 4. Ib. Des chapelles rayonnantes au Nord. — Fig. 5. Ib. Au Sud. — Fig. 6 et 7. Fenêtre, bas-côtés, Nord et Sud du chœur. — Fig. 8. Fenêtre, croisillon Sud. — Fig. 9. Partie ib. Nord, tous à...	1	—	100
	Fig. 10. Partie inférieure de la fig. 8 agrandie, et profil de ses moulures...........	1	—	25
PLANCHE 7.	Fenêtres, fig. 1 et 5 sur la planche précédente agrandie, profils et coupes à........	1	—	25
PLANCHE 8.	Vitraux des jours du croisillon Sud, représentant des prophètes, à...............	2	—	25
PLANCHES 9 et 10.	Autres prophètes, provenant de la même série des jours, à l'échelle de..........	2	à	25

DESCRIPTION DES PLANCHES.

Vitraux

MONOGRAPHIES

DES CATHÉDRALES

DE SPIRE ET DE GELNHAUSEN

PAR M. THOMAS H. KING
ARCHITECTE A BRUGES

Avec Texte descriptif par GEORGE J. HILL. M. A.

7 PLANCHES GRAVÉES A L'EAU-FORTE SUR CUIVRE — (5 FR. 25)

EXTRAITES DE L'OUVRAGE INTITULÉ :

ÉTUDES PRATIQUES
TIRÉES

DE L'ARCHITECTURE DU MOYEN AGE
EN EUROPE

BRUGES
CHEZ L'AUTEUR, 50 RUE FONTAINE-DES-FRÈRES

LONDRES	PARIS
BELL & DALDY, LIBRAIRES	VICTOR DIDRON, LIBRAIRE
186 Fleet street	Rue St.-Dominique-St.-Germain, 23

Et chez tous les Libraires de France et de l'Étranger

1857

ÉTUDES PRATIQUES

TIRÉES DE

L'ARCHITECTURE DU MOYEN AGE

EN EUROPE

SÉRIES DE MONOGRAPHIES

DONT LES PLAN, COUPE, ÉLÉVATIONS ET DÉTAILS DE CHAQUE MONUMENT SONT DESSINÉS
A UNE MÊME ÉCHELLE

PAR

M. THOMAS H. KING

ARCHITECTE A BRUGES

Cet ouvrage offre, à ceux qui veulent étudier l'architecture gothique, des avantages qu'on chercherait vainement dans les autres publications du même genre, et qui consistent :

1° Dans l'abondance des matériaux qu'il fournit pour l'étude de l'art architectural du moyen âge : les deux premiers volumes seuls contiennent les dessins de cinquante églises, c'est-à-dire plus qu'aucun ouvrage n'en a jusqu'ici réunis dans son ensemble. Notre travail complet formera huit volumes dont chacun renfermera 100 planches, c'est-à-dire, en moyenne, l'illustration de vingt-cinq églises ;

2° Dans la scrupuleuse exactitude et le soin minutieux qui ont présidé à l'exécution des dessins : ils peuvent, sous ce rapport, soutenir la comparaison avec tous ceux qui ont paru jusqu'ici. Dans aucun cas je n'ai accepté les mesures et les données d'autrui ; tous les détails, plans, coupes, élévations, ont été mesurés expressément pour cet ouvrage, ou par moi-même, ou par des personnes investies de ma confiance et travaillant sous ma direction. Ce sont là de vraies garanties d'exactitude et d'authenticité ;

3° Dans l'ordre que j'ai adopté : l'uniformité des échelles permettra à l'amateur de saisir d'un seul coup d'œil les dimensions relatives des diverses églises. Jusqu'à présent voici quelle était la marche suivie : on dessinait une grande église sur une petite échelle, et une petite église sur une grande échelle, de sorte que chaque figure, plan ou élévation occupait à elle seule une planche entière. Il en résultait que la comparaison de deux monuments exigeait un effort de l'esprit, tandis que, d'après mon sytème, ce n'est plus qu'une affaire de simple observation. Dans la présente publication, les plans des monuments ont pour échelle uniforme 1-500 ; les coupes et élévations 1-300 ; et les moulures, 1-25. De sorte que la comparaison est facile entre plans et plans, élévations et élévations, moulures et moulures ;

4° Dans la modicité du prix : à l'exception de l'exactitude, j'ai tout sacrifié pour atteindre à ce résultat. Comme mon livre est, avant tout, un ouvrage d'utilité pratique, j'ai moins visé, dans mes gravures, à la finesse de l'exécution qu'à l'instruction du lecteur, combinée avec son intérêt pécuniaire. Il est, en effet, incontestable que, pour l'étude aussi bien que pour la pratique, un simple contour au trait est préférable au dessin le plus artistement ombré. D'ailleurs, le temps qu'eût exigé un travail d'une grande délicatesse n'aurait pu être abrégé que par le concours d'un grand nombre d'artistes qui, n'étant pas imbus de mes principes et de mes idées, n'auraient peut-être qu'imparfaitement compris et rendu mes intentions. La surveillance seule d'un travail exécuté dans de pareilles conditions aurait nécessairement amené des retards dans la publication. Voilà pourquoi j'ai préféré des eaux-fortes que j'ai pu faire exécuter sous mes yeux.

J'ai fait plus encore pour diminuer autant que possible le prix de l'ouvrage : j'ai restreint le nombre des planches pour chaque monument en utilisant tout le blanc du papier. De cette façon, avec moins de frais pour lui, l'acheteur trouvera dans une seule autant de matériaux qu'il en aurait trouvé dans plusieurs planches d'un ouvrage où tout aurait été sacrifié à l'apparence.

C'est pour le même motif que j'ai évité la répétition du même trait, quand un seul suffisait, pour les élévations et coupes. La loi que je me suis imposée, en un mot, c'est de rencontrer l'utilité pratique en négligeant ce qui n'est qu'embellissement.

SPIRE

Peu d'églises ont une histoire plus féconde en événements que la cathédrale de Spire; il en est peu qui soient restées debout après tant de désastres. Quatre fois incendiée, deux fois dévastée par la guerre, deux fois condamnée à être détruite jusqu'au sol, souvent profanée, elle a vu ses trésors pillés, ses tombeaux violés, et cependant elle existe encore, comme si le temps ni la violence ne pouvaient rien contre elle. Monument du dévouement patriotique qui l'a restaurée après chaque catastrophe, la cathédrale de Spire était pour les Allemands ce que l'abbaye de Westminster est pour les Anglais, Saint-Denis pour les Français. Les successeurs de Charlemagne choisirent cette cité pour résidence impériale, et y firent élever l'église pour leur lieu de sépulture. — Dans son enceinte étaient enterrés huit empereurs : Conrad II, qui en est le fondateur, et Gisela son épouse; Henri III, Henri IV, et Berthe son épouse; Henri V, Philippe de Souabe, Rodolphe de Habsbourg, Adolphe de Nassau et Albert d'Autriche. — En outre, Béatrice, épouse en deuxièmes noces de Frédéric Barberousse, et Agnès, issue de ce même mariage.

Aussi, lorsque l'incendie ou la guerre avait dévasté l'église qui renfermait les tombeaux de tant d'augustes personnages, dont l'histoire est celle même de l'empire, les contributions et offrandes affluaient au trésor commun pour la restauration d'un monument national. Il arriva même une fois que le feu n'ayant laissé debout que les quatre murs et deux des six tours qui ornaient l'église, elle fut restaurée avec une telle magnificence, que l'incendie reçut la qualification d' « heureux. »

La gloire de Spire s'en est allée : jamais elle n'a pu se relever de l'épreuve qu'elle subit en 1689, lorsque les soldats de Louis XIV firent sortir de l'enceinte les habitants et livrèrent la ville aux flammes.

Mais, le peuple allemand n'a rien perdu de sa vénération pour la vieille église, bien que, dans l'incendie de leur cité, les Français aient en même temps saccagé la cathédrale et jeté aux vents la cendre des empereurs. L'Allemagne a devancé le mouvement continental pour la restauration des monuments du moyen âge.

Une nouvelle façade remplace déjà celle que les Français avaient fait sauter; tout l'intérieur du monument est décoré de fresques et les fenêtres ont des vitraux coloriés.

La cathédrale n'est plus ce qu'elle était en 1146, alors que Conrad III et tous les nobles d'Allemagne se réunirent dans ses murs pour y recevoir, des mains de saint Bernard, les drapeaux de la croisade; elle n'en est pas moins, même aujourd'hui, un magnifique monument, qui a conservé les proportions et le plan de l'église primitive.

La première pierre en fut posée, en 1030, par l'empereur Conrad II; mais le monument ne fut terminé que par son petit-fils, Henri IV, et il fut consacré, en 1061, par Ewhard, évêque de Spire.

Il s'élève sur l'emplacement d'une ancienne église bâtie par Dagobert II sur les ruines d'un temple de Diane, presque aussitôt après l'introduction du christianisme en Allemagne. Malgré les épreuves terribles qui l'ont successivement frappée, la cathédrale est restée, sous le rapport de la forme, des dimensions et des proportions, telle que l'avait exécutée son fondateur.

C'est l'une des plus vastes églises de l'Allemagne, puisqu'elle mesure sur le terrain plus de 134 mètres de longueur. Elle était surmontée primitivement de six tours; mais quatre d'entre elles n'ont pas été reconstruites, depuis l'incendie qui a dévoré l'église en 1450. Les cloîtres, qui dataient de 1437, ont disparu avec les autres bâtiments ecclésiastiques. — Les Français firent sauter la façade Ouest en 1689; ils échouèrent dans les efforts qu'ils firent pour faire écrouler le reste de l'église : elle échappa, presque sans dégâts, au feu qu'ils mirent à la ville, et qui cependant sévit avec fureur pendant plusieurs jours. — Après ce désastre, elle resta quelques années à l'état de ruines. Le chapitre fit ce qu'il put, d'après ses moyens, pour approprier la cathédrale au service du culte et aux besoins des habitants. Ceux-ci s'habituèrent peu à peu à revoir les ruines de leurs demeures.

En 1772, Auguste-Philippe, comte de Limbourg, commença, sur une large échelle, les travaux de restauration; ils durèrent douze ans, mais ils devaient être inutiles; bientôt la révolution profana l'église à son tour, et c'est à peine si elle échappa à une démolition totale. Elle doit aujourd'hui son existence à Joseph-Louis de Colmar, archevêque de Mayence, qui, en sa qualité d'ancien compagnon de classe de Napoléon Ier, obtint de lui un décret en date du 20 septembre 1806, pour la conservation du monument. Le concordat de 1817 rétablit l'évêché de Spire, et, depuis ce temps, la cathédrale a été l'objet des soins les plus minutieux. Grâce aux allocations annuelles, les réparations principales et les embellissements de tout genre n'ont pas été un instant abandonnés.

Les fresques modernes. — Les fresques, dont l'intérieur est couvert, sont pleines de défauts, si on les compare à celles dont on admire les restes à Pise et à Miniati. Cependant elles méritent les sympathies et les encouragements de tous ceux qui font une étude spéciale des beaux-arts au moyen âge, moins par la beauté du résultat que par le désir et l'intention qu'elles témoignent d'un retour aux vrais principes qui doivent inspirer ce genre de décorations. — Elles offrent un heureux contraste avec ces misérables badigeonnages de feuilles et de fleurs qu'on rencontre ailleurs. Et, en effet, la peinture des sujets religieux, quand le style en est simple et les effets pleins de caractère, transforme les murs des églises en bible des fidèles, et un pareil système est bien plus propre à imprimer dans les esprits les grands mystères de la religion que tous les livres et tous les sermons du monde.

Ce qui, dans un pareil essai, mérite encore un sincère éloge, c'est le choix des sujets, tel que l'a conçu Schradolph aîné : s'ils sont souvent mal disposés, ils sont tous parfaitement adaptés à l'histoire du monument, et c'est, malheureusement, ce qu'on ne saurait dire de cet assemblage confus de tableaux à l'huile, qui, avec leurs lourds cadres dorés, ont ransformé nos églises, c'est-à-dire les sanctuaires de la prière et de la méditation, en froids musées de tableaux.

L'idée dominante de ces peintures c'est la vierge Marie, patronne de la cathédrale et de l'évêché, associée, dès le commencement des temps, au mystère de la rédemption des hommes, par Notre-Seigneur Jésus-Christ. — Ainsi, les six premiers tableaux qu'on rencontre dans l'église nous représentent Marie dans les promesses et les symboles du vieux Testament. — Les tableaux suivants de la grande nef et ceux du grand chœur nous représentent sa vie depuis sa nativité jusqu'à son couronnement dans le ciel.

Dans la coupole, au-dessus du maître-autel, on voit les symboles du sacrifice — centre de toute la religion — Jésus-Christ, sous la figure d'un agneau, est représenté par les sacrifices des patriarches, prédit par les prophètes, prêché par les évangélistes.

Les tableaux des chœurs latéraux figurent, au côté sud, l'histoire de saint Étienne, diacre et premier martyr, à qui était dédiée l'église antérieure, bâtie par le roi Dagobert, et l'histoire de saint Étienne, pape et martyr, dont cette église possède une insigne relique; sur les voûtes de ce chœur, en quatre compartiments, les exemples de martyrs spirituels, savoir : sainte Catherine de Sienne, sainte Élisabeth de Hongrie, saint Jean de Dieu, saint Paul l'Ermite.

Dans le chœur du nord se trouve saint Bernard, le boulevard de la foi au XIIe siècle, prêchant la croisade dans cette église et occupant cinq grands tableaux. — Sur les compartiments de la voûte, au-dessus, quatre figures symbolisent l'influence de la religion sur la famille, la société, les arts et les sciences; savoir : sainte Clotilde, saint Henri, saint Chrysostôme, sainte Hildegarde.

Dans le grand chœur, dit des rois, à gauche, le premier grand tableau représente la très-sainte Vierge et saint Jean, après l'Ascension de Notre-Seigneur. — Le deuxième, la mort de la sainte Vierge. Chacun de ces deux tableaux est entouré de quatre figures qui représentent les huit béatitudes, savoir : saint Antoine l'Ermite, saint François de Sales, sainte Monique, sainte Thérèse, saint Vincent de Paul, sainte Agnès, sainte Élisabeth de Portugal, saint Athanase.

Vis-à-vis, au côté droit du chœur, se trouve le premier tableau représentant l'ensevelissement de Marie, et le second, son Assomption dans le ciel. — Ces deux tableaux sont également entourés de huit figures de saints, illustrant huit suffrages des litanies de la sainte Vierge : sainte Madeleine, saint Gabriel, le patriarche Jacob, le prophète Élie, saint Paul l'apôtre, saint Maurice, saint Dominique et sainte Ursule. — Le grand tableau, au-dessus du baldaquin de l'évêque, représente Marie couronnée reine de tous les saints par Notre-Seigneur Jésus-Christ dans le ciel. Sur ces deux figures plane la colombe, symbole du Saint-Esprit; une foule d'anges les entourent, portant le sceptre et des fleurs. La représentation du ciel est continuée par les douze apôtres, placés en demi-cercle sous le tableau : par les Pères de l'Église, saint Augustin, saint Grégoire le Grand, saint Jérôme, saint Ambroise; par les fondateurs des ordres les plus célèbres, saint François d'Assise, saint Ignace, saint Benoît et saint Basile le Grand; par les neuf chœurs d'anges, au milieu desquels le Père éternel.

A dire vrai, l'ancien cachet religieux est complétement absent de ces peintures. Peut-être même ce but n'a-t-il pas été celui de l'artiste, désireux, avant tout, de combiner ses études classiques avec les sujets religieux.

Mais, à moins d'être injuste, il est impossible de ne pas reconnaître ici le vrai progrès que présente ce monument dans son aspect intérieur sur le spectacle dont nous avons été affligés toute notre vie, c'est-à-dire de murs badigeonnés, décorés d'énormes cadres rectangulaires renfermant des peintures où l'on ne distingue plus rien; car, il faut en convenir, dans la plupart de ces tableaux les couleurs ont perdu leur éclat primitif, et, sous ce rapport encore, nous ne pouvons contester la supériorité des anciens artistes dont les œuvres présentent encore des parties d'une fraîcheur incomparable. Mais, tout cela viendra, et, en attendant, nous pouvons nous réjouir de trouver une église où, au premier coup d'œil, avant toute analyse, nous pouvons nous faire une idée de ce qu'on trouvait partout au moyen âge.

C'est un pas vers un meilleur système, et, malgré bien des fautes, il faut en savoir gré à ceux qui l'ont fait.

Au reste, ces fautes mêmes remontent jusqu'à l'école de Munich, dont Schraudolf est un élève. Il est impossible de méconnaître, dans les peintures de cet artiste, la mauvaise direction qu'elle a donnée à ses études sur l'art chrétien, et le tort irréparable qu'elle lui a fait. Je lui dois cette vérité sans ménagement, et je regrette que cette fausse impulsion ait pu atteindre les travaux récents de l'école de Dusseldorf.

Une question, plus grave encore sous le rapport de l'art, qui se présente à propos des restaurations de Spire, c'est la combinaison des peintures murales avec les vitraux coloriés. C'est là un point qui préoccupe encore beaucoup de personnes, sans avoir trouvé une solution satisfaisante.

Les ouvertures étroites des églises romanes semblent assez indiquer que c'est là une architecture étrangère aux besoins réels de notre climat. Si, tout ce qu'elles accordent de jour doit être garni de verre foncé, dans le style des époques primitives; si on fait une règle d'imitation d'un défaut qui, dans l'origine, ne tenait qu'à l'imparfaite fabrication des métaux, il est évident que les rayons qui pénétreront dans l'édifice sacré ne suffiront pas à éclairer des sujets compliqués et peints à fresque. Cette objection s'applique avec bien plus de force encore aux épais barbouillages qu'un royal amateur fait sortir des fabriques de Munich pour en orner, ou plutôt en déshonorer les églises, en dépit de tout sens artistique. Il n'y a là rien qui ressemble à des vitraux; de pareilles productions doivent être rangées tout bonnement dans la catégorie des stores en calicot peint.

Avec notre architecture et dans nos climats de froids brouillards, de longs hivers et de pluie, le verre est le champ qui s'offre le plus rationnellement aux grands travaux artistiques; mais, aussi il faut que ses produits soient d'accord avec le matériel; il faut, avant tout, se conformer aux vrais principes, et atteindre nettement à la transparence, quelle que soit la couleur.

Le but essentiel de l'artiste sur verre, c'est d'embellir et non d'exclure les rayons de la lumière; l'exclusion a lieu pour le climat, l'admission pour l'élément lumineux.

DESCRIPTION DES PLANCHES.

PLANCHE 1. Plan général et plan de la crypte sous le chœur à .... 1 pour 500
             Travées intérieures et extérieures de la nef .... 1 — 300
PLANCHE 2. Coupe... 1 — 300
PLANCHE 3. Vue perspective. — *Fig.* 1. Arcature extérieure de la nef........... 1 — 100
             Fig. 2 et 3. Détail, élévation et plan de la même *fig.* 4 et 5. Corniche à...... 25

PARIS. — IMPRIMERIE DE J. CLAYE, RUE SAINT-BENOIT, 7

GELNHAUSEN

ALLEMAGNE

Le chœur de l'église de Gelnhausen est un spécimen curieux de l'époque de transition où, dans l'architecture, le style roman faisait place à l'ogival. *Style de l'église.*

Il fut construit entre 1210 et 1220. Déjà, l'arc ogive était partout en usage en France. Guillaume de Seignelay avait démoli l'ancien chœur d'Auxerre, et le reconstruisait tel que nous le voyons aujourd'hui.

A Gelnhausen, toutefois, le plein cintre maintenait encore son influence, bien que, dans son ensemble, le style semble s'y approcher beaucoup de l'ogival.

C'est une preuve de plus que la France peut revendiquer l'honneur d'avoir, la première, employé ce style. La forme tordue et l'inclinaison de la flèche (voyez le croquis) sont l'effet d'un caprice de l'architecte, bien plus que le résultat d'une erreur commise dans le cours des travaux, comme plusieurs se l'imaginent. Dans tous les cas, ce n'est pas un exemple à suivre. *La flèche tordue.*

Le monument n'est pas sans mérite, au point de vue de la sculpture et du style; l'art y accuse même une certaine franchise. Mais, sous ce rapport, Gelnhausen n'a rien de supérieur à plusieurs autres églises qui n'auront point de place dans notre publication.

Ce qui mérite, à Gelnhausen, une attention spéciale, c'est le jubé, qui appartient à la même époque que le complément du chœur, et qui mérite surtout l'attention des archéologues. *Le jubé.*

Cependant il paraît jusqu'ici avoir échappé aux regards de tous les savants et de tous les éditeurs d'ouvrages archéologiques, qui ont décrit l'église. Un simple coup d'œil sur la planche, qui représente la travée centrale, en dira plus que toutes les descriptions écrites.

On remarquera, sous le jubé, l'autel au centre et deux portes latérales pour entrer au chœur. C'est une particularité que nous avons déjà signalée à Maulbronn et qu'au delà du Rhin on retrouve généralement dans les jubés.

On peut s'en assurer à Lubeck, Munster, Magdebourg, Hildesheim, Naumbourg, Marbourg et ailleurs, comme on le verra par la suite; tandis qu'à Oberwesel déjà, ainsi qu'en France et en Angleterre, le principe presque généralement admis est celui d'une porte au centre et de deux autels latéraux.

Une singularité digne, d'observation, dans le monument qui nous occupe, c'est la hardiesse de dessin qui caractérise l'ouverture pratiquée au-dessus de l'autel. C'est un fait qui mérite de fixer l'attention, aujourd'hui surtout que l'on cherche souvent à profiter de l'autel des églises monastiques pour la commodité des paroissiens. Ce moyen rend l'assistance au service divin aussi facile pour le peuple placé dans la nef extérieure que pour la communauté renfermée dans le chœur.

DESCRIPTION DES PLANCHES.

PLANCHE 1. Plan à l'échelle de .... 1 pour 500
Coupe longitudinale et élévation de la façade Est du chœur, à .... 1 — 300
Croquis donnant la flèche inclinée.

PLANCHE 2. Ensemble du portail du croisillon Nord en élévation..... .... 1 — 50
Fig. 1. Chapiteaux du même portail. — *Fig.* 2 et 3. Coupe des pieds-droits, moulures de l'archivolte. — *Fig.* 4. Bases des colonnettes........................... 1 — 25

PLANCHE 3. Colonnettes de l'arcature du chœur, culs-de-lampe de même en face et en profil, à.... 1 — 08

PLANCHE 4. Élévation, travée centrale du jubé. — *Fig.* 1, 2 et 3. Détails du même............. 1 — 25
Plan général du jubé... 1 — 160

ANTIQUITÉS

DE

LA VILLE DE LUNEBOURG

EN HANOVRE

PAR M. THOMAS H. KING

ARCHITECTE A BRUGES

Avec Texte descriptif par GEORGE J. HILL. M. A.

6 PLANCHES GRAVÉES A L'EAU-FORTE SUR CUIVRE — (4 FR. 50)

EXTRAITES DE L'OUVRAGE INTITULÉ :

ÉTUDES PRATIQUES

TIRÉES

DE L'ARCHITECTURE DU MOYEN AGE

EN EUROPE

BRUGES

CHEZ L'AUTEUR, 30 RUE FONTAINE-DES-FRÈRES

LONDRES	PARIS
BELL & DALDY, LIBRAIRES	VICTOR DIDRON, LIBRAIRE
186 Fleet street	Rue St.-Dominique-St.-Germain, 23

Et chez tous les Libraires de France et de l'Étranger

1857

ÉTUDES PRATIQUES

TIRÉES DE

L'ARCHITECTURE DU MOYEN AGE

EN EUROPE

SÉRIES DE MONOGRAPHIES

DONT LES PLAN, COUPE, ÉLÉVATIONS ET DÉTAILS DE CHAQUE MONUMENT SONT DESSINÉS

A UNE MÊME ÉCHELLE

PAR

M. THOMAS H. KING

ARCHITECTE A BRUGES

Cet ouvrage offre, à ceux qui veulent étudier l'architecture gothique, des avantages qu'on chercherait vainement dans les autres publications du même genre, et qui consistent :

1° Dans l'abondance des matériaux qu'il fournit pour l'étude de l'art architectural du moyen âge : les deux premiers volumes seuls contiennent les dessins de cinquante églises, c'est-à-dire plus qu'aucun ouvrage n'en a jusqu'ici réunis dans son ensemble. Notre travail complet formera huit volumes dont chacun renfermera 100 planches, c'est-à-dire, en moyenne, l'illustration de vingt-cinq églises;

2° Dans la scrupuleuse exactitude et le soin minutieux qui ont présidé à l'exécution des dessins : ils peuvent, sous ce rapport, soutenir la comparaison avec tous ceux qui ont paru jusqu'ici. Dans aucun cas je n'ai accepté les mesures et les données d'autrui; tous les détails, plans, coupes, élévations, ont été mesurés expressément pour cet ouvrage, ou par moi-même, ou par des personnes investies de ma confiance et travaillant sous ma direction. Ce sont là de vraies garanties d'exactitude et d'authenticité;

3° Dans l'ordre que j'ai adopté : l'uniformité des échelles permettra à l'amateur de saisir d'un seul coup d'œil les dimensions relatives des diverses églises. Jusqu'à présent voici quelle était la marche suivie : on dessinait une grande église sur une petite échelle, et une petite église sur une grande échelle, de sorte que chaque figure, plan ou élévation occupait à elle seule une planche entière. Il en résultait que la comparaison de deux monuments exigeait un effort de l'esprit, tandis que, d'après mon sytème, ce n'est plus qu'une affaire de simple observation. Dans la présente publication, les plans des monuments ont pour échelle uniforme 1-500; les coupes et élévations 1-300; et les moulures, 1-25. De sorte que la comparaison est facile entre plans et plans, élévations et élévations, moulures et moulures;

4° Dans la modicité du prix : à l'exception de l'exactitude, j'ai tout sacrifié pour atteindre à ce résultat. Comme mon livre est, avant tout, un ouvrage d'utilité pratique, j'ai moins visé, dans mes gravures, à la finesse de l'exécution qu'à l'instruction du lecteur, combinée avec son intérêt pécuniaire. Il est, en effet, incontestable que, pour l'étude aussi bien que pour la pratique, un simple contour au trait est préférable au dessin le plus artistement ombré. D'ailleurs, le temps qu'eût exigé un travail d'une grande délicatesse n'aurait pu être abrégé que par le concours d'un grand nombre d'artistes qui, n'étant pas imbus de mes principes et de mes idées, n'auraient peut-être qu'imparfaitement compris et rendu mes intentions. La surveillance seule d'un travail exécuté dans de pareilles conditions aurait nécessairement amené des retards dans la publication. Voilà pourquoi j'ai préféré des eaux-fortes que j'ai pu faire exécuter sous mes yeux.

J'ai fait plus encore pour diminuer autant que possible le prix de l'ouvrage : j'ai restreint le nombre des planches pour chaque monument en utilisant tout le blanc du papier. De cette façon, avec moins de frais pour lui, l'acheteur trouvera dans une seule autant de matériaux qu'il en aurait trouvé dans plusieurs planches d'un ouvrage où tout aurait été sacrifié à l'apparence.

C'est pour le même motif que j'ai évité la répétition du même trait, quand un seul suffisait, pour les élévations et coupes. La loi que je me suis imposée, en un mot, c'est de rencontrer l'utilité pratique en négligeant ce qui n'est qu'embellissement.

PARIS. IMPRIMERIE DE J. CLAYE, RUE SAINT-BENOIT, 7

LUNEBOURG

EN HANOVRE

Lunebourg avait jadis bien plus d'importance qu'aujourd'hui. On peut dire que la ville date de l'érection du couvent de Saint-Michel et du château voisin. Mais on ignore l'époque où l'un et l'autre ont été construits. Quelques antiquaires font remonter au XIIe siècle l'origine du monastère; d'après d'autres, il n'aurait été fondé qu'au XIVe. Origine de la ville.

Quoi qu'il en soit, le couvent et le château ont donné naissance à la ville actuelle. M. Parker, dans son ouvrage intéressant sur l'architecture domestique au XIVe siècle, dit (page 153) que, parmi les anciennes villes, on en trouve plusieurs qui doivent leur origine à l'agglomération successive des maisons autour des murs d'un château, qui leur servait ainsi de protection. Telle est Norwich, où les rues principales serpentent autour du château, en suivant la ligne des fossés. D'autres villes, ajoute le même auteur, se sont agrandies sous la tutelle de quelque couvent riche et renommé, comme Bury-Saint-Edmunds. Lunebourg offre l'exemple d'une ville qui s'est développée sous la double influence du couvent et du château. L'un et l'autre s'élevaient sur la colline; la ville rampe à ses pieds et contre ses flancs, sous leur protection.

Quoiqu'on ne puisse rien préciser sur la date de la première fondation de la ville, il ressort néanmoins du style général de son architecture, aussi bien que de ses édifices municipaux et ecclésiastiques, que, jusqu'au XVe siècle, elle a eu peu d'importance.

La vérité de cette observation ressort mieux encore de l'examen du style de l'argenterie communale, collection très-remarquable et unique, conservée aujourd'hui encore à l'hôtel de ville. Son argenterie communale.

Aucune des pièces qui la composent ne peut être attribuée à la bonne époque des ouvrages en métal; une partie même appartient tout à fait à la Renaissance. Mais, quant au dessin, l'ensemble me paraît assez conforme aux vrais principes du travail des métaux.

Il n'y a pas, dans toute la collection, une seule pièce qui ne soit digne d'un examen détaillé, et que le connaisseur ne puisse étudier avec profit. Je ne crois pas nécessaire, toutefois, de reproduire ici aucun de ces morceaux. M. King en a déjà publié un grand nombre de dessins dans un livre intitulé : *Orfévrerie et ouvrages en métal du moyen âge,* livre exclusivement consacré à mettre en relief les meilleurs modèles en ce genre qu'ait laissés le moyen âge. Je ne puis toutefois, dans un ouvrage comme celui-ci, me dispenser de les mentionner en passant, d'autant que je considère comme un devoir de rappeler au praticien tout ce qui peut lui être utile et digne d'intérêt dans les arts du moyen âge. Outre la description que j'en vais faire ici, je renverrai à la page de ce livre sur l'orfévrerie, où l'on peut en trouver le dessin complet, plan, coupe, élévation, détails, de manière à en rendre la reproduction possible au besoin.

Argenterie décrite dans l'ouvrage de M. King.

Le chef-d'œuvre de toute la collection, sous le rapport du style, c'est la corne à boire de Hermann Billing (voy. *Orfévrerie,* p. 71), à qui certains antiquaires attribuent la fondation de l'abbaye de Saint-Michel, où, du reste, il a été certainement enterré en 1473. Elle est faite d'une dent d'éléphant, et montée sur pieds en argent. Ces derniers reposent sur de petits éléphants portant des carrioles. Les éléphants et les carrioles sont ciselés, et, sous le rapport de l'exécution, tous les détails sont d'un fini et d'un goût exquis. A ce point de vue, c'est un travail bien supérieur à tous les spécimens du genre que j'ai rencontrés.

Corne à boire.

Si la corne à boire de Hermann Billing est le plus beau morceau de la collection, le plus curieux est, sans contredit, un coffre ou châsse reliquaire (voy. *Orfévrerie,* pl. 35 et 36), sur laquelle on faisait prêter serment au témoin, et qui sert même encore à cet usage. Indépendamment de la châsse ou reliquaire, où se conservait une relique, il y avait, dans la partie supérieure, une fiole de cristal contenant une parcelle de la même relique. La personne appelée à prêter serment posait deux doigts sur cette fiole. Aujourd'hui, la relique est remplacée par une Bible protestante, et la fiole est vide. Cela n'empêche pas qu'on ne la fasse toucher, comme autrefois, par le témoin appelé dont on invoque le serment. Les deux faces du reliquaire sont recouvertes d'emblèmes très-convenables à un tribunal où la justice doit être tempérée par la miséricorde : sur le devant on voit Notre-Seigneur siégeant comme juge, et sur le revers le crucifiement. Le donateur est d'un côté, et sa femme de l'autre.

Reliquaire.

Après ces deux pièces, il faut citer, comme choses curieuses, deux lions (*Orfévr.,* p. 76), employés jadis comme burettes, pour verser de l'eau tiède, après chaque plat, sur les doigts des convives, à une époque dont on excuse communément l'habitude, par cette considération que les doigts sont d'origine plus ancienne que les fourchettes.

Burettes.

Ce n'est pas que les fourchettes fussent absolument inconnues; mais elles avaient peut-être une destination spéciale : c'est ce qui résulte à l'évidence d'un curieux spécimen (*Orfévr.,* pl. 80) de cuiller et de fourchette de la même époque. La cuiller est disposée de manière à pouvoir glisser sur les dents de la fourchette, en sorte que le même manche peut servir aux deux usages.

Cuiller et fourchette.

Deux objets qui méritent encore une attention spéciale, ce sont deux magnifiques hanaps (*Orfév.,* pl. 73), vrais chefs-d'œuvre d'orfévrerie. Le travail en est soigné et le style excellent. L'exécution en est conforme aux vrais principes, c'est-à-dire qu'ils sont repoussés et non moulés ou estampés. Ces hanaps ont été offerts à la ville, l'un par Adolphe Garlop, proconsul en 1486, l'autre par Jean Barum, en 1506, comme le prouvent

Hanaps.

les inscriptions qui y sont gravées. Au reste, le second est la copie fidèle de l'autre, dont il ne diffère que par la figure qui le surmonte, chacun des donateurs ayant fait placer sur le couvercle de son hanap l'image de son patron.

La même collection renferme un grand nombre de plats de différentes formes, tous richement repoussés et d'un beau travail. On peut en voir la reproduction dans les planches 33, 45, 48, 51, 53, 54, 56, 74, de l'ouvrage déjà cité. *Plats.*

Outre l'argenterie, l'hôtel de ville offre encore plusieurs objets du plus haut intérêt. Nous citerons, entre autres, de nombreuses couronnes de lumière, formées de cornes de cerf, montées en fer et garnies de bobèches pour les lumières. Ces pièces sont moins belles que curieuses; elles sont remarquables par leur rude naïveté, et intéressantes comme exemples des moyens d'éclairage dont nos ancêtres se servaient dans leurs banquets. Au centre, entre les cornes, est une image du saint. *Couronnes de lumière.*

M. King a reproduit, dans le livre précité (p. 62), l'une de ces couronnes, moins les cornes de cerf.

Au rez-de-chaussée se trouvent plusieurs armoires en chêne, enrichies d'ornements et de pentures en fer; nous les mentionnerons d'autant plus volontiers qu'elles commencent à tomber en ruine, par l'effet de la négligence. *Armoires en bois de chêne.*

L'hôtel de ville est une construction quadrangulaire, occupant une surface considérable, mais sans mérite architectural. — Il est tout en briques; c'est la seule matière dont on fasse usage dans cette contrée. Aussi le porche en pierre de la cathédrale de Lubeck est-il cité par les habitants de cette ville comme une exception unique. *Hôtel de ville.*

Au reste, la brique peut se prêter à un maniement très-varié. La couleur, les dessins en losange, et les diverses espèces d'ornement, peuvent vivifier la monotonie des murailles, et, au moyen de moules convenables, il est facile de produire toutes les formes nécessaires à l'ornementation, et, nous dirons plus, à une bonne architecture. On peut voir un spécimen de devises en briques aux quatre pignons qui soutiennent la flèche de l'église Saint-Jean, que j'ai donnée en croquis dans ma planche 1. La fig. 1 représente la clef de voûte du sanctuaire. C'est un dessin très-compliqué, dans lequel entrent des briques de différentes formes, richement moulées et fouillées en creux presque aussi profondément que la sculpture en pierre. *Dessins en brique.*

Des quatre églises anciennes qui sont restées debout à Lunebourg, celle qui a le moins souffert est Saint-Jean. Un édifice qui a dû être remarquable, si l'on en juge d'après sa grandeur et sa situation, c'est l'église de Saint-Michel, aujourd'hui complètement dénaturée. Sous le chœur s'étend la crypte, où les chambranles des fenêtres présentent, dans leurs profils, un exemple estimable de moulures en briques. *Quatre églises.*

Les bâtiments attenants au couvent et au château sont badigeonnés, et, comme ils sont, relativement, de date récente, ils n'attirent l'attention que par leur étendue.

Le style de l'église Saint-Lambert donne lieu de croire qu'elle a dû appartenir aux Dominicains.

Elle a moins souffert que la précédente; mais, à l'intérieur comme à l'extérieur, elle ne possède rien d'intéressant. On peut en dire autant de Saint-Nicolas, qui tombe en ruines, et qu'on vient de replâtrer pour l'approprier au culte protestant. Petite de dimension et un peu étroite, elle doit cependant avoir offert, dans le style de ce pays, une église assez belle.

LUNEBOURG.

DESCRIPTION DES PLANCHES	PLANCHE 1. Plan de l'église Saint-Jean à	1 pour 500

Cette église ne se composait originairement que de la nef centrale et de deux nefs latérales. Plus tard, on y ajouta encore une nef, de chaque côté ; puis vinrent les chapelles qui séparent les contre-forts.

Toutes les cinq nefs ont la même hauteur. La succession de ces diverses additions peut se lire dans la toiture. Jamais on n'a démoli le grand toit qui, dès l'origine, couvrait les trois nefs qui composaient l'église ; mais les toits des nefs latérales, annexées depuis, sont venus s'ajuster, comme ils ont pu, au toit principal.

On verra, dans la suite, qu'on a suivi le même système, à Lubeck, à l'église de Saint-Jacques et de Saint-Pierre.

Coupe à l'échelle de .... 1 — 300

Galeries au-dessus des sacristies. — Les premières nefs latérales, de chaque côté du chœur et dans toute sa longueur, forment ici deux étages, dont le plus bas, également voûté, et auquel on descend par quelques marches du chœur, est affecté aux sacristies, tandis que l'étage supérieur sert de chœur ou de chapelle : c'était le plus sûr moyen de ne pas nuire à l'élévation intérieure de l'église. Un escalier, ménagé derrière les stalles, conduisait à ces étages supérieurs.

Cet arrangement mérite l'attention des architectes modernes, d'autant que, sans nuire aux dispositions du chœur et de l'église pour les usages de la paroisse, il utilise une place considérable. Les écoles pauvres, ou des couvents, l'orgue et les chantres, peuvent avantageusement tirer parti de cette disposition. Nous le recommandons surtout à ceux qui doivent réserver une place, dans l'église paroissiale, pour les communautés religieuses. Rien de plus facile que de leur ménager une entrée particulière, et l'on peut garantir que, dans la partie supérieure, elles seront complètement à l'abri des regards du public, sans rien perdre de la vue de l'autel.

La concession des croix de l'église ou l'érection de galeries à l'Ouest pour l'usage des religieux présente des inconvénients qui disparaissent avec l'arrangement dont il est ici question.

Dans le chœur, le maître-autel est l'ancien, avec un retable en bois, au centre duquel se trouve le tabernacle, fermé devant et derrière par une grille en fer. Il y a, dans la même église, un autre triptyque avec autel ; il est aujourd'hui appendu à l'un des piliers de la nef. Au reste, ni l'une ni l'autre de ces pièces ne méritent une reproduction.

Les armoires, qui se trouvent à la sacristie, renferment quelques débris de l'ancien mobilier. C'est d'abord un calice d'une forme très-simple, dont le pied est enrichi de quelques perles. C'est, ensuite, une petite châsse ou reliquaire, nommée *Maison d'Or.* — aujourd'hui *la maison d'or*, et dont on se sert pour conserver les pains destinés à la communion luthérienne. Cette châsse est reproduite, grandeur de l'exécution, dans la planche 30 de mon ouvrage sur l'orfévrerie. Aux quatre coins, des anges portent les emblèmes de la Passion. Le faîte du toit est orné de crochets et d'une crête parfaitement exécutés. Au centre, s'élève une croix avec Christ, laquelle est, de chaque côté, soutenue par la sainte Vierge et saint Jean.

La figure 1 de cette planche présente la clef de voûte du sanctuaire à .... 1 — 50
Fig. 2 et 3. Profils des piliers du sanctuaire et à l'angle de la nef à .... 1 — 25

Images suspendues. PLANCHE 2. Image curieuse de la sainte Vierge et de saint Blaise, suspendue aux voûtes de l'église Saint-Jean ; les figures sont placées dos à dos, sous dais. Saint Blaise étant le patron des fileurs en laine, il est à croire, d'après les devises qu'on lit sur les écussons, que cet objet d'art appartenait à la confrérie qui exerçait cette industrie. C'est un travail en bois de chêne, peint et doré avec un goût exquis. La branche recourbée, à laquelle elle est suspendue, est en fer, avec des détails charmants de fleurs et de feuilles ciselées. Échelle .... 1 — 10

Il en est de même des branches avec bobèches pour lumières, qui rayonnent autour de la base. Ce sont autant d'élégants spécimens de ferronnerie, percés et repoussés avec le meilleur goût. Tout cet ensemble est un des rares exemples que nous ayons encore de ce genre d'ornements qui remplissaient nos églises ; le goût et l'intelligence qui président à leur exécution les recommandent

LUNEBOURG.

comme modèles aux confréries qui se sentiraient assez de dévouement pour en donner de semblables à leurs églises.
La planche que je donne fournit tous les détails nécessaires à un pareil travail.
Plan de la base. — Plan du dais. — Profil du dais. — Profil des images dos à dos. — Profil de la base dégarnie de son bandeau pour montrer les étoiles peintes. — Élévation latérale du contre-fort avec saint Michel sous dais, le tout...... 1 pour 10
— Branche en fer avec bobèche et anneau pour soutien du cierge, et nuages autour de la Vierge, avec coupe lignée dessus à....................... 1 — 5

PLANCHE 3. Un bassin suspendu dans la même église, avec grande bobèche au centre et anneau entre les chaînes, comme soutien d'un grand cierge, — et trois petites branches avec bassins et bobèches autour du grand bassin, également propriété des fileurs de laine;—le tout dessiné à 1/8ᵉ de l'exécution. L'étoile que l'on voit sur le fond du bassin est simplement peinte. Une figure de saint Jean l'Évangéliste à l'extrémité d'un bâton, et tenant à la main droite un chandelier; cet objet servait dans les processions de la confrérie. Il y en a deux pareils dans l'église. Je l'ai dessiné à 1/4 de l'exécution. — Une branche en cuivre pour trois lumières, avec écussons appendus, à 1/10ᵉ de l'exécution; l'objet se voit en élévation et de profil, et j'y ai joint un croquis pour indiquer la manière dont les écussons sont accrochés. Cette branche se trouve également dans l'église Saint-Jean.

Bassin suspendu.

Bâton de confrérie.

Branche.

PLANCHE 4. Charpenterie d'une porte avec guichet à l'hôtel de ville; remarquable par l'élégance et la simplicité du système d'encadrement. Je l'ai dessinée à l'échelle de 8 pour 100. Les dessins de la ferronnerie qui la garnit, *fig*, 1, 2, 3, sont à 1/4 de l'exécution.
Fig. 4 et 5. Élévation et coupe des chanfreins de l'encadrement à 1/4. Les *fig*. 6 et 7, perçure et tête des clous qui garnissent les rails, sont de grandeur naturelle.

Porte.

PLANCHE 5. Une image de la sainte Vierge, tenant Notre-Seigneur dans ses bras, sur un piédestal (date, 1500). La sainte Vierge est couverte d'une chape, dont les orfrois sont garnis de pierres précieuses. L'ensemble, qui a une hauteur de 68 centimètres, est en argent repoussé, peint et doré. Je l'ai représenté, en élévation, grandeur naturelle. Une partie de la couronne, la tige des fleurs, feuilles et fruits, que la sainte Vierge présente à l'enfant Jésus, aussi bien que les nombreux détails des feuilles déployées, pour indiquer la forme des plaques de métal, avant le pliage et le repoussage, sont également figurées sur la planche, grandeur naturelle. Cette couronne, avec ses fleurs, ses feuilles et ses fruits, est un ouvrage exquis, exécuté conformément aux vrais principes. Les fleurs et les feuilles de métal sont découpées, tordues et repliées avec une habileté toute particulière à cette époque. Cette image est aujourd'hui conservée à l'hôtel de ville.

Image en argent.

PLANCHE 6. Une partie de grillage en fer, au bas de l'escalier, également à l'hôtel de ville. Élévation, 1/10ᵉ de l'exécution. — Divers détails pour en expliquer l'exécution, 1/4. Quoique, sous le rapport du style, ce grillage appartienne à une époque relativement peu ancienne, il n'en est pas moins digne d'attention aujourd'hui qu'on commence à apprécier généralement l'usage du fer battu.

Grillage en fer.

MONOGRAPHIES

DES ÉGLISES

DE SAINT-SERNIN, DES JACOBINS

DES CORDELIERS ET AUTRES, A TOULOUSE

PAR M. THOMAS H. KING
ARCHITECTE A BRUGES

Avec Texte descriptif par GEORGE J. HILL. M. A.

13 PLANCHES GRAVÉES A L'EAU-FORTE SUR CUIVRE — (9 fr. 75)

EXTRAITES DE L'OUVRAGE INTITULÉ :

ÉTUDES PRATIQUES
TIRÉES
DE L'ARCHITECTURE DU MOYEN AGE
EN EUROPE

BRUGES
CHEZ L'AUTEUR, 30 RUE FONTAINE-DES-FRÈRES

LONDRES	PARIS
BELL & DALDY, LIBRAIRES	VICTOR DIDRON, LIBRAIRE
186 Fleet street	Rue St.-Dominique-St.-Germain, 23

Et chez tous les Libraires de France et de l'Étranger

1857

ÉTUDES PRATIQUES

TIRÉES DE

L'ARCHITECTURE DU MOYEN AGE

EN EUROPE

SÉRIES DE MONOGRAPHIES

DONT LES PLAN, COUPE, ÉLÉVATIONS ET DÉTAILS DE CHAQUE MONUMENT SONT DESSINÉS

A UNE MÊME ÉCHELLE

PAR

M. THOMAS H. KING

ARCHITECTE A BRUGES

Cet ouvrage offre, à ceux qui veulent étudier l'architecture gothique, des avantages qu'on chercherait vainement dans les autres publications du même genre, et qui consistent :

1° Dans l'abondance des matériaux qu'il fournit pour l'étude de l'art architectural du moyen âge : les deux premiers volumes seuls contiennent les dessins de cinquante églises, c'est-à-dire plus qu'aucun ouvrage n'en a jusqu'ici réunis dans son ensemble. Notre travail complet formera huit volumes dont chacun renfermera 100 planches, c'est-à-dire, en moyenne, l'illustration de vingt-cinq églises;

2° Dans la scrupuleuse exactitude et le soin minutieux qui ont présidé à l'exécution des dessins : ils peuvent, sous ce rapport, soutenir la comparaison avec tous ceux qui ont paru jusqu'ici. Dans aucun cas je n'ai accepté les mesures et les données d'autrui; tous les détails, plans, coupes, élévations, ont été mesurés expressément pour cet ouvrage, ou par moi-même, ou par des personnes investies de ma confiance et travaillant sous ma direction. Ce sont là de vraies garanties d'exactitude et d'authenticité;

3° Dans l'ordre que j'ai adopté : l'uniformité des échelles permettra à l'amateur de saisir d'un seul coup d'œil les dimensions relatives des diverses églises. Jusqu'à présent voici quelle était la marche suivie : on dessinait une grande église sur une petite échelle, et une petite église sur une grande échelle, de sorte que chaque figure, plan ou élévation occupait à elle seule une planche entière. Il en résultait que la comparaison de deux monuments exigeait un effort de l'esprit, tandis que, d'après mon sytème, ce n'est plus qu'une affaire de simple observation. Dans la présente publication, les plans des monuments ont pour échelle uniforme 1-500; les coupes et élévations 1-300; et les moulures, 1-25. De sorte que la comparaison est facile entre plans et plans, élévations et élévations, moulures et moulures;

4° Dans la modicité du prix : à l'exception de l'exactitude, j'ai tout sacrifié pour atteindre à ce résultat. Comme mon livre est, avant tout, un ouvrage d'utilité pratique, j'ai moins visé, dans mes gravures, à la finesse de l'exécution qu'à l'instruction du lecteur, combinée avec son intérêt pécuniaire. Il est, en effet, incontestable que, pour l'étude aussi bien que pour la pratique, un simple contour au trait est préférable au dessin le plus artistement ombré. D'ailleurs, le temps qu'eût exigé un travail d'une grande délicatesse n'aurait pu être abrégé que par le concours d'un grand nombre d'artistes qui, n'étant pas imbus de mes principes et de mes idées, n'auraient peut-être qu'imparfaitement compris et rendu mes intentions. La surveillance seule d'un travail exécuté dans de pareilles conditions aurait nécessairement amené des retards dans la publication. Voilà pourquoi j'ai préféré des eaux-fortes que j'ai pu faire exécuter sous mes yeux.

J'ai fait plus encore pour diminuer autant que possible le prix de l'ouvrage : j'ai restreint le nombre des planches pour chaque monument en utilisant tout le blanc du papier. De cette façon, avec moins de frais pour lui, l'acheteur trouvera dans une seule autant de matériaux qu'il en aurait trouvé dans plusieurs planches d'un ouvrage où tout aurait été sacrifié à l'apparence.

C'est pour le même motif que j'ai évité la répétition du même trait, quand un seul suffisait, pour les élévations et coupes. La loi que je me suis imposée, en un mot, c'est de rencontrer l'utilité pratique en négligeant ce qui n'est qu'embellissement.

LES ÉGLISES DE TOULOUSE

SAINT-SERNIN

Toulouse était une ville assez importante avant l'ère chrétienne. Les Gaulois, dit-on, après le sac de Rome, y apportèrent des trésors immenses qu'ils déposèrent dans leur temple d'Apollon. Plus tard, et pour plus de sécurité, ils jetèrent leur butin dans le lac sur les bords duquel s'élevait le temple. Sur l'emplacement, occupé jadis par ce temple et ce lac, existe actuellement une église chrétienne. Saint-Sylvius, évêque de Toulouse, démolit le temple et dessécha le lac, pour ériger une église en l'honneur du martyr saint Saturnin, ou saint Sernin, comme on le nomme vulgairement. L'église actuelle est la quatrième construite dans le même endroit.

Elle fut commencée en 1060, par Raymond, chanoine de la cathédrale de Toulouse, achevée en 1096, et consacrée par le pape Urbain II.

Bientôt après la consécration de la nouvelle église, ce Guillaume Raymond en fut nommé le premier abbé, et elle continua à être gouvernée par des abbés jusqu'en 1526, époque où la fondation fut sécularisée.

L'église de Saint-Sernin est le type le plus remarquable du style roman en France. L'église de Conques est presque aussi complète, mais beaucoup moins grande. La forme de l'église de Saint-Sernin est celle d'une croix latine : la nef et les bas-côtés sont étroits. Au Sud sont deux porches ornés de sculptures curieuses représentant le massacre des Innocents et les sept péchés capitaux. La tour, qui s'élève sur la croisée, est soutenue par quatre piles énormes. Elle est très-élevée, et composée de parties qui s'étagent en diminuant de proportions. C'est un ouvrage du xive siècle, que l'architecte a cherché à harmoniser en quelque sorte avec le style des parties plus anciennes du monument.

Le grillage en fer qui sert de clôture aux chapelles du transept est un travail estimable. Le caractère, toutefois, en est un peu espagnol.

Les feuilles et les fleurs de la crête qui les couronne sont repoussées avec la plus grande délicatesse, et ont un cachet tout particulier. C'est la seule église de Toulouse qui soit en pierre.

(13 planches) (88-100)

Une galerie ou *mannerchor* entoure toute l'église, au-dessus du bas-côté ; c'est un trait qui caractérise l'époque de son architecture ; nous en avons déjà parlé, et nous y reviendrons tout à l'heure. Quelques débris d'anciennes fresques et quelques objets servant de reliquaires sont loin d'offrir l'intérêt que leur prêtent les archéologues.

ÉGLISE DES JACOBINS

Église des Jacobins.
 Cette église, aujourd'hui déconsacrée, offre, malgré son état déplorable, le plus haut intérêt. Elle appartenait à une communauté de Dominicains, et fut commencée huit ans seulement après la mort de saint Dominique. Elle est, en conséquence, presque aussi ancienne que la société qui la construisit ; mais, de nos jours, le service militaire s'en est emparé.

Son état actuel.
 Elle est divisée en deux étages par un gros plancher. Le rez-de-chaussée sert d'écuries, et le haut, de magasin de fourrages. Voilà ce qu'elle est aujourd'hui ; mais si elle pouvait nous réapparaître telle qu'elle était, avant la dispersion de ses trésors, et de ses œuvres d'art mutilées par la rage révolutionnaire, nous la trouverions vraiment digne de l'ordre célèbre parmi tous les autres ; nous reconnaîtrions le sanctuaire des peintres et des sculpteurs. Aujourd'hui encore, on distingue sur les murs et les voûtes des restes de fresques, et dans les chapelles des morceaux de sculpture qui excitent au plus haut point l'admiration des visiteurs circulant à travers les chevaux et le foin qui se partagent l'édifice sacré.

Histoire de la fondation de la maison.
 L'église et la bibliothèque furent commencées en 1229, par Raymond de Falgar, évêque de Toulouse ; mais l'église ne fut entièrement terminée qu'en 1336, lorsque Pierre de Godin, cardinal évêque de Sabine, qui appartenait lui-même à l'ordre de Saint-Dominique, mit la dernière main à des travaux qui avaient marché lentement pendant plus d'un siècle. La munificence de ce bienfaiteur fut consignée sur le jubé, conservé, encore aujourd'hui, dans un garde-meuble, ou plutôt dans un grenier de Toulouse. C'est un morceau d'une rare perfection, exécuté sans doute par l'un des premiers artistes de l'ordre. L'église fut consacrée en 1385 seulement. Le beffroi, qui s'élève au Nord de l'église, est du même style que les étages supérieurs de la tour de Saint-Sernin, et c'est probablement l'œuvre du même architecte. Ce beffroi fut construit vers l'époque de la consécration de l'église. Le cloître, le réfectoire et la salle du chapitre sont également au Nord. Deux côtés seulement du quadrangle existent encore, ceux de l'Ouest et du Nord. Le cloître fut construit au commencement du XIVe siècle ; la salle du chapitre, attenante au cloître, est de la même date, aussi bien que ses deux chapelles. Le réfectoire est d'une date un peu antérieure.

Notes sur la construction des Jacobins.
 L'église présente quelques traits particuliers de construction. La nef est remarquable par un arrangement qui a été adopté, à Paris et ailleurs en France, aussi bien qu'en Espagne, pour les églises du même ordre. Elle est traversée d'un bout à l'autre par une rangée de colonnes qui la partagent en deux allées se réunissant à l'Est dans une seule abside, autour de laquelle rayonnent cinq chapelles. On retrouve un exemple de cet arrangement en Angleterre, dans l'église du prieuré d'Abergavenny.

La salle du chapitre est divisée en trois nefs égales, par des colonnes et archivoltes qui soutiennent la voûte. La nef du centre est terminée par une abside pour l'autel. Le réfectoire offre une anomalie dans la construction du toit : les entraits sont insérés en arcs de maçonnerie ; les chevrons entre les arcs sont recouverts de panneaux en bois. C'est, en réalité, un plafond à berceau octogone en bois, soutenu par des maîtresses-fermes en pierre.

ÉGLISE DES CORDELIERS

Les Cordeliers de Toulouse nous offrent un nouvel exemple d'église-forteresse. Elle est à peu près aussi large que la cathédrale d'Alby, et le côté Nord, le plus vulnérable, est construit sur le même principe. Comme à Alby, les couvertures sont placées assez haut, surtout vers l'Est, et l'on trouve un passage ménagé pour la garnison, à la hauteur du toit et dans toute sa longueur, au moyen d'arcs jetés de contre-fort en contre-fort.

Église des Cordeliers.

Ce passage paraît avoir eu pour but de cacher les opérations de défense et de remplir tous les usages d'un chemin. Dans l'architecture exclusivement militaire de l'époque, il eût été supporté par des mâchicoulis. La combinaison adoptée ici présente les avantages d'un chemin rond, en même temps qu'elle sert à fortifier la construction et à contre-butter les voûtes, élevées à une hauteur considérable du sol.

ÉGLISE DE SAINT-NICOLAS

L'église de Saint-Nicolas est d'une forme presque unique, mais dont le principe pourrait s'appliquer parfois, quand le terrain l'exige. Elle se compose d'une nef et de chapelles. L'autel principal s'élève contre le mur Est, qui est rectangulaire : il n'y a point de chœur proprement dit. Du côté Nord s'élèvent deux chapelles terminées en absides. La tour occupe l'angle de la façade Ouest, et forme en même temps un porche.

Saint-Nicolas.

Dans ses étages supérieurs cette tour participe également du style que nous avons déjà signalé dans les tours de Saint-Sernin et des Jacobins : ce pourrait être l'œuvre du même architecte. La forme en est bizarre et digne seulement d'observation comme particularité locale.

ÉGLISE DE NOTRE-DAME-DU-TAUR

Cette église, originairement dédiée à saint Saturnin, fut construite à l'endroit où ce martyr fut abandonné par le taureau, aux cornes duquel il avait été attaché. La façade est élevée bien au-dessus du toit, et les cloches sont suspendues dans l'épaisseur du mur. C'est, en effet, l'exagération de ces campaniles de façade, qui forment un trait charmant d'une foule de chapelles et de petites églises en Angleterre et en Normandie.

Notre-Dame du-Taur.

ÉGLISES DE TOULOUSE.

Ce campanille, à l'échelle qu'on lui a donnée à la façade Saint-Taur, devient une monstruosité.

Ce que l'on remarque dans le plan de cette église, ce sont les deux chœurs ou chapelles qui occupent toute la largeur de l'église à l'Est, à l'exception d'une place étroite ménagée entre l'un et l'autre, et dans laquelle on pénètre par une arche. Cette petite place aurait pu servir ou de chapelle ou de sacristie.

Tombeau de l'évêque et les sarcophages au Musée. Le musée de Toulouse présente une collection superbe de chapiteaux, etc., dont nous ne parlerons pas ici, parce qu'on en trouvera de nombreux spécimens dans les monuments que nous avons relevés ailleurs. On y admire un tombeau très-élégant d'un archevêque de Narbonne, et deux sarcophages qui appartiennent probablement à une époque très-reculée. Les dessins soignés que nous en donnons pourront faire apprécier au lecteur le degré d'intérêt qu'ils offrent comme objets d'art.

La surface plate du tombeau de l'archevêque fut sans doute primitivement couverte d'émaux ou de mosaïques; mais le tout a été enlevé. La figure a un cachet tout particulier, sous le rapport du dessin et de l'exécution.

Les sarcophages sont évidemment bien antérieurs, pour l'époque de leur construction, aux sculptures qui couvrent leurs faces. Il n'est pas impossible que les monuments soient d'origine païenne, et que les sculptures aient été ajoutées au moment où on les consacra à la sépulture chrétienne. Ces sculptures paraissent même être du XIVe siècle.

DESCRIPTION DES PLANCHES.

Saint-Sernin. PLANCHE 1. Plan de l'église, à l'échelle de.................................... 1 pour 500
Élévation d'une face de la tour avec coupe verticale, la suite de la flèche et plans à divers étages................................... 1 — 100

PLANCHE 2. Moitié coupe de la nef et des transepts.. 1 — 300
Fig. 1, 2, 3, 4, 5, 6. Piles de la nef des bas-côtés des transepts et des collatéraux et du côté du chœur................................... 1 — 25
Vue perspective de l'édifice au Nord-Est

PLANCHE 3. Clôture en fer de la chapelle au croisillon Sud, à l'échelle de................ 1 — 05

PLANCHE 4. Deux grillages en fer battu des bas-côtés du chœur, également à.............. 1 — 05

Jacobins. PLANCHE 5. Plan de l'église, salle du chapitre, réfectoire et cloître, à l'échelle de........ 1 — 500
Élévation et coupe de la salle du chapitre.. 1 — 300
Fig. 1. Colonne. — Fig. 2. Nervures des voûtes de la salle du chapitre. — Fig. 3. Moulures des fenêtres des chapelles absidales de l'église. — Fig. 4. Ib. des voûtes des mêmes. — Fig. 5. Pile à l'angle des chapelles................................. 1 — 25

PLANCHE 6. Élévation de la façade Ouest, coupe transversale, élévation d'une travée à l'intérieur et à l'extérieur de la nef de l'église. — Fig. 1. Coupe transversale. — Fig. 2. Élévation à l'intérieur et extérieur d'une travée du réfectoire, tous à l'échelle de. 1 — 300
Fig. 3. Moulure de l'arc doubleau du réfectoire.................................... 1 — 25

PLANCHE 7. Élévation d'une face de la tour avec coupe verticale. — Fig. 1 et 2. Plans à divers étages, à l'échelle de... 1 — 100
Fig. 3 et 4. Profils des moulures de ces fenêtres, à l'échelle de.................. 1 — 25
Fig. 5. Détails d'une travée de l'ancien cloître, avec plan et coupe des archivoltes..... 1 — 25

Cordeliers. PLANCHE 8. Plan de l'église, à l'échelle de.. 1 — 500
Coupe transversale de la même. Une travée de la nef intérieure et extérieure de la même en élévation... 1 — 300
Fig. 1 et 2. Profil des moulures des piles du vaisseau et de l'abside, à l'échelle de..... 1 — 25
Vue perspective de l'église au Sud-Ouest.

Planche 9.	Plan de l'église, à l'échelle de...	1	—	500	Saint-Nicolas.
	Coupe transversale et une travée de la nef à l'intérieur, à l'échelle de................	1	—	300	
	Fig. 1. Une partie de la rosace de la façade Ouest et profil de sa moulure. — Fig. 2. Moulures de l'arc doubleau des voûtes de la nef............................	1	—	25	
	Vue perspective de l'église au Sud-Ouest.				
Planche 10.	Plan général de l'église, à l'échelle de.......................................	1	—	500	Église du Taur.
	Coupe transversale sur le transept, une travée Ouest à l'intérieur de même. Élévation et coupe verticale de la façade Ouest...................................	1	—	300	
	Plan général des restes de l'ancien cloître des Augustins, à l'échelle de...............	1	—	500	
	Détail d'une arcature du même, avec plan à l'angle et coupe des arches...............	1	—	25	
Planche 11.	Tombeau d'un évêque de Narbonne conservé au Musée. Plan de l'effigie. Une partie de l'élévation latérale avec profil de l'effigie, à l'échelle de.....................	1	—	10	Tombeau.
	Un panneau du tombeau, à l'échelle de.......................................	1	—	4	
	Profil des moulures, grandeur de l'exécution.				
Planche 12.	Sarcophage. — Fig. 1. Une partie de l'élévation. — Fig. 2. Le dessus mis à plat. — Fig. 3. Élévation latérale, le tout à....................................	1	—	10	Sarcophages.
Planche 13.	Sarcophage. — Fig. 1. L'élévation. — Fig. 2. Le dessus mis à plat. — Fig. 3. Face latérale, le tout à l'échelle de..	1	—	10	
	Fig. 4. Une croix du cimetière pour monument...................................	1	—	10	
	Fig. 5. Bas-relief du monument d'un reliquaire...................................	1	—	5	

TABLE

DU TOME PREMIER

Abbaye royale de Braisne en Soissonnais...............	6 planches...	....	1 à 6
Étampes, trois églises.........................	4 —	....	7 à 10
Flavigny...................................	1 —	....	11
Alby, deux églises............................	6 —	....	12 à 17
Saint-Bertrand de Comminges...................	1 —	....	18
Altenberg..................................	8 —	....	19 à 26
Auxerre...................................	17 —	....	27 à 43
Maulbronn en Wurtemberg.....................	6 —	....	44 à 49
Semur en Auxois............................	7 —	....	50 à 56
Dijon.....................................	8 —	....	57 à 64
Séez......................................	10 —	....	65 à 74
Spire.....................................	3 —	....	75 à 77
Gelnhausen................................	4 —	....	78 à 81
Lunebourg.................................	6 —	....	82 à 87
Toulouse, cinq églises........................	13 —	....	88 à 100

www.ingramcontent.com/pod-product-compliance
Lightning Source LLC
LaVergne TN
LVHW050611090426
835512LV00008B/1440